Louis Malle
Patrick Modiano

# Lacombe Lucien

*scénario*

Dossier réalisé par
**Olivier Rocheteau**

**folio**plus
classiques

**Olivier Rocheteau** est agrégé de lettres modernes. Il enseigne en classe préparatoire aux grandes écoles au lycée Albert-Schweitzer du Raincy. Chez Gallimard, il a accompagné une lecture de *Corps et biens* de Robert Desnos («La bibliothèque Gallimard» n° 153), de *Poèmes et correspondance choisis* d'Arthur Rimbaud («La bibliothèque Gallimard» n° 199) et de *Rhinocéros* d'Eugène Ionesco («Folioplus classiques» n° 73).

Architecte et licencié de philosophie, **Olivier Tomasini** est responsable de la communication au musée de Grenoble et président de l'association «La maison de la photographie de Grenoble et de l'Isère». À Grenoble, il a été commissaire de plusieurs expositions de photographies («William Klein, Figures parfaites, la Nouvelle Vision en France de 1925 à 1945», «Vues d'architectures, photographies des XIXe et XXe siècles»).

# Sommaire

*Juin 1944, dans une petite préfecture du sud-ouest de la France…*

I.

Un jeune domestique de dix-sept ans lave à grande eau le parquet du dortoir des femmes dans un hospice de vieillards.

La plupart des lits sont vides, sauf une dizaine. Quelques visiteurs et deux ou trois sœurs de charité. Chuchotement de conversations. C'est l'après-midi. Il fait très beau. Les stores sont baissés.

Lucien, le jeune garçon, travaille avec acharnement. Au fur et à mesure qu'il avance, il ouvre les tables de nuit, prend les pots de chambre et les vide dans un grand seau. Au fond de la salle, un autre domestique, plus âgé, accomplit le même travail, avec moins d'ardeur, et on entend plusieurs fois son rire sonore.

Lucien s'approche d'un lit occupé par une vieille femme en conversation chuchotée avec un vieillard assis à côté d'elle. Les deux vieux interrompent leur dialogue avec ostentation, regardent Lucien, se regardent entre eux. Le jeune garçon, qui ne paraît pas remarquer leur manège, époussette la table de nuit, soulevant une photo encadrée du maréchal Pétain sur laquelle est posé un chapelet.

Une des sœurs, en passant, allume un gros poste de radio, fixé au mur : c'est la causerie quotidienne de Philippe Henriot. Lucien ramasse sa serpillière et la tord pour l'égoutter. À côté de lui, une fenêtre est ouverte. Il se penche à l'extérieur.

En bas, dans le jardin, quelques vieillards déambulent à petits pas, ou prennent le soleil sur des bancs.

Lucien lève les yeux. Sur une branche d'arbre, à quelques mètres de lui, un rouge-gorge s'agite et chante. Lucien sort de sa poche une fronde de paysan. Il vise soigneusement et tire. L'oiseau tombe dans la cour.

Lucien reprend son travail. Personne n'a remarqué son geste, ni dans la cour ni dans le dortoir. Clément, l'autre domestique, s'approche de lui, lui parle à l'oreille, et éclate de rire en lui donnant une bourrade, ce qui provoque les regards indignés des vieillards et des sœurs qui écoutent Philippe Henriot.

## 2.

Lucien, coiffé d'un béret, vêtu d'une veste de paysan, roule à bicyclette le long d'une petite route de campagne. Une valise en carton bouilli est fixée sur son porte-bagages. Il fait très beau. Le soleil est encore bas. Lucien paraît heureux. C'est dimanche.

À proximité de son village, Souleillac, qui est indiqué par un panneau, Lucien dépasse un troupeau de moutons. Un gros chien se jette sur lui et veut lui mordre les mollets. La fille qui mène le troupeau rit et jette un «Adieu, Lucien» moqueur, avant de rappeler le chien.

Lucien, toujours sur sa bicyclette, à la sortie du village, tourne et entre dans une cour de ferme, qui se compose de plusieurs bâtiments, grange, pigeonnier, petite maison, en plus de l'habitation principale. Il y a beaucoup d'animaux. Il se dirige directement vers la petite maison, pose son vélo et pousse brusquement la porte.

Assis à la table, en train de prendre le petit déjeuner, un père, une mère et cinq enfants en bas âge. Lucien a l'air très étonné.

LUCIEN : Qu'est-ce que vous foutez chez moi ?

Émile, le père, se lève en souriant. Il est petit, costaud, et il boite. Il tend la main à Lucien.

ÉMILE : C'est toi Lucien, le fils de Thérèse ?

Lucien ne lui serre pas la main. Il s'approche de la table.

LUCIEN *(désignant la vaisselle)* : C'est pas à vous, ça… C'est les assiettes de mon père…
ÉMILE *(toujours souriant)* : Peut-être bien !… Va voir le patron, il t'expliquera…

Lucien le regarde, puis se dirige vers une grande armoire au fond de la pièce. Il tire à lui une chaise, faisant descendre sans ménagement un petit garçon de quatre ans qui était assis dessus. Il monte sur la chaise pour atteindre le haut de l'armoire, derrière laquelle est caché un fusil de chasse enveloppé de chiffons, et des cartouches. Il redescend, met

les cartouches dans sa poche, défait les chiffons pour dégager le fusil, qu'il pointe vers Émile et sa famille.

LUCIEN *(menaçant)* : N'abîmez rien ici, ou alors vous
aurez affaire à moi…

Émile sourit toujours. Lucien sort brusquement. Émile,
quand il passe devant lui, lui jette, goguenard :

ÉMILE : Si ça t'intéresse, je m'appelle Émile…

## 3.

Lucien, le fusil à la main, arrive à la maison principale. Un
volet s'ouvre et une femme de quarante ans apparaît à la
fenêtre, en chemise de nuit. C'est Thérèse, sa mère. Un
homme de soixante ans, portant beau, apparaît une seconde
à la fenêtre, derrière Thérèse. C'est Laborit. Il est en
chemise.

## 4.

Lucien est assis à la table, dans la salle de ferme, à la fois
cuisine, salle à manger et pièce de séjour. Il y a une grande
cheminée. Thérèse, habillée maintenant, pose sur la table
devant Lucien une assiette de soupe, du pain et des abattis
de volaille. Lucien pose le fusil qu'il était en train de net-

toyer avec un chiffon et se met à manger. Il observe sa mère, qui semble mal à l'aise et s'affaire dans la pièce.

THÉRÈSE *(sans le regarder)* : Pourquoi tu as sorti le fusil de ton père ?

Lucien ne répond pas.

THÉRÈSE : Tu sais que c'est interdit…

Lucien sort quelques billets de sa poche et les lui tend.

LUCIEN : Tiens, ils m'ont augmenté de vingt francs…

Thérèse vient prendre l'argent, le compte rapidement et le met dans la poche de son tablier.

THÉRÈSE *(machinalement)* : C'est bien…

Laborit, finissant de s'habiller, entre dans la pièce et vient s'asseoir en face de Lucien.

LABORIT *(jovial)* : Adieu, Lucien !
LUCIEN : Bonjour, monsieur Laborit…

Thérèse pose devant Laborit une assiette de soupe.

LABORIT *(à Thérèse, sans méchanceté)* : Il pourrait prévenir, ton fils, quand il vient… *(À Lucien :)* Tu restes longtemps ?
LUCIEN : J'ai cinq jours de congé…

Tous deux mangent copieusement, avec application. Thérèse bouge sans arrêt dans la pièce.

LUCIEN *(à Thérèse, agressif)* : Et les autres, qu'est-ce qu'ils font chez nous ?

D'un geste, en parlant, Lucien a désigné la petite maison.

THÉRÈSE *(sans le regarder)* : Ils aident M. Laborit. Je leur ai laissé la maison...

LUCIEN *(regardant Laborit)* : Y en a du changement, ici...

LABORIT *(agacé)* : Il faut bien faire le travail ! Ton père est prisonnier, Joseph est parti...

LUCIEN : Ah bon !

LABORIT *(haussant les épaules)* : Il est au maquis, ce feignant... *(Il rit.)* J'ai un fils patriote, figure-toi...

**5.**

Une cinquantaine de villageois endimanchés, surtout des femmes, suivent en procession le curé portant le saint sacrement, entouré d'enfants de chœur avec encensoirs. La procession avance lentement dans un chemin étroit et rocailleux, à proximité du village. Les villageois chantent un cantique à la Vierge Marie.

Lucien, au milieu de la procession, parle avec un garçon de son âge. On n'entend pas ce qu'ils disent. Laborit et sa mère sont devant lui. La mère se retourne. Lucien se met à chanter, avec les autres.

**6.**

La nuit, par clair de lune, Lucien avance dans une combe, fusil à la main, suivi d'un garçon plus jeune que lui, qui ne semble pas très à l'aise, et qui porte une gibecière. Ils débouchent sur une espèce de clairière, au pied d'une falaise, où s'ébattent une dizaine de lapins, qui ne s'enfuient même pas à leur approche.

Lucien commence à tirer : deux coups, un lapin. Il recharge, tire encore, en s'avançant. On sent qu'il prend un plaisir physique intense à ce qu'il fait. Il s'arrête : plus de cartouches. Il se couche dans l'herbe. Il appuie son visage contre le sol et regarde son compagnon ramasser les derniers lapins, revenir vers lui et s'asseoir à son tour, sans dire un mot. Lucien semble épuisé, mais heureux.

**7.**

Dans la cour de la ferme, Lucien, sa mère et la femme d'Émile, assis sur des billots, plument des poules. Les enfants d'Émile jouent un peu plus loin.

LUCIEN : Tu as trouvé les lapins sur la table ?

THÉRÈSE : M. Laborit est pas content. Tout le village t'a entendu…

Lucien ne répond pas.

LA MÈRE : Tu es bien comme ton père !

Lucien la regarde, puis il se met à courir après une poule qui lui échappe plusieurs fois. Ce jeu l'amuse, il l'attrape finalement en se jetant à plat ventre sur elle. Il se relève et lui tord le cou dans le même mouvement. Il l'apporte à sa mère.

> LUCIEN (*brusquement*) : Tu sais, je veux pas revenir à l'hospice !

Thérèse continue de plumer. Elle jette un regard gêné à la femme d'Émile, qui est absorbée dans son travail.

> THÉRÈSE : Tu devrais être content d'avoir cette place…
> LUCIEN : Non.
> THÉRÈSE (*à mi-voix*) : Tu peux pas rester ici, Lucien… Laborit voudra pas… (*Un temps.*) Quand ton père sera revenu…
> LUCIEN (*la coupant, ironique*) : Quand il reviendra, ça va chauffer.

Thérèse le regarde brièvement, sans répondre.

## 8.

Lucien arrive sur la place du village, un lapin dans la main. Il se dirige vers l'école, dont les fenêtres sont grandes ouvertes. Il jette un œil à l'intérieur. Une douzaine d'enfants sont assis derrière des pupitres. Leurs âges varient de six à treize ans. Peyssac, l'instituteur, fait une dictée aux aînés, tout en surveillant les petits.

PEYSSAC *(dictant)* : L'après-midi était orageux, et le ton-
nerre roulait de sourdes avalanches dans le lointain...

Peyssac lève la tête et aperçoit Lucien.

PEYSSAC *(à Lucien)* : Tu peux entrer, Lucien...

Lucien entre dans la salle de classe. Peyssac s'est emparé
de la copie d'un élève.

PEYSSAC *(redondant)* : Maurice, décidément... Ton cas
est désespéré... Tu vois ce que tu as fait ?... Non, je
ne te parle pas des traces de doigts... Tu m'as écrit
« *orageux* », H.A.U.R... Enfin... *(Il hausse les épaules)*. Il
est vrai que pour garder les moutons, l'orthographe
n'est pas nécessaire... *(Il jette la copie d'un geste las.)*

Peyssac se taille un succès facile auprès des autres éco-
liers, qui rient bruyamment.

Il regarde sa montre.

PEYSSAC : C'est l'heure ! Vous pouvez partir...

Les enfants quittent la classe en se bousculant. Peyssac va
au tableau noir, efface ce qui y est écrit, met la date du len-
demain et écrit une phrase de morale. Pendant ce temps, il
parle avec Lucien, qui s'est approché.

PEYSSAC : Qu'est-ce que tu veux ?

Lucien pose le lapin sur le bureau de Peyssac.

LUCIEN : C'est pour vous...

Peyssac jette un œil au lapin.

> PEYSSAC *(ironique)* : Je te remercie. C'est pour ça que
> tu es venu me voir ?
> LUCIEN *(brusquement)* : Je veux entrer au maquis.
> PEYSSAC *(écrivant toujours)* : Et en quoi ça me concerne ?
> LUCIEN : Ben, c'est vous qui décidez... Joseph me l'a
> dit...

Peyssac se retourne et le regarde.

> PEYSSAC : D'abord, tu es trop jeune... Et on a déjà
> bien assez de monde...

Lucien reste silencieux.

> PEYSSAC *(sévère)* : Et puis c'est sérieux ! C'est pas du
> braconnage... C'est comme l'armée, tu comprends...

Il s'approche de Lucien et lui pose une main sur l'épaule.

> PEYSSAC : Écoute, on verra plus tard...

## 9.

Lucien et la jeune fille qu'il avait croisée à l'entrée de
Souleillac sont assis sur un muret, dans un endroit très sauvage du Causse. Il fait très beau. Autour d'eux, une trentaine de moutons se déplacent lentement. Ils sont silencieux.

Plus tard, en fin d'après-midi, ils ramènent les moutons par un chemin encadré de hauts murs de pierre, à flanc de colline. Lucien s'arrête et contemple la vue. Il s'avance jusqu'au bord de la falaise et son regard fixe le soleil.

La fille l'attend un instant, puis elle court derrière ses moutons.

Lucien cligne des yeux, sans cesser de fixer le soleil. Il semble fasciné. Au loin, on entend la voix de la fille qui appelle Lucien. Celui-ci ne l'entend pas.

# 10.

Lucien, Émile et deux voisins sortent de la grange le grand cadavre aux membres raidis de Garçon, le cheval de Laborit. Ils ont du mal à lui faire passer la porte. Laborit, sans mettre la main à la pâte, dirige la manœuvre.

Plaisanteries et rires des hommes, qui se parlent en patois. Lucien, muet, visage fermé, tient la tête de l'animal. Il semble très frappé.

La grande carcasse est finalement posée sur un tombereau qui sert d'habitude à évacuer les ordures. Les hommes reprennent souffle.

LABORIT : C'était un bon cheval, Garçon. J'en retrouverai pas un comme lui… Allez, on va boire un coup…

Lucien, avec timidité, flatte l'encolure du cheval, tandis que les hommes, continuant à plaisanter, s'éloignent vers la maison.

## II.

Lucien, à nouveau sur sa bicyclette, sa valise sur le porte-bagages, roule le long d'une route déserte. Il s'arrête et constate qu'il a crevé. On l'entend proférer un «merde» sonore et il repart à pied, sa bicyclette à la main.

Il entre dans la ville. Il fait un beau clair de lune. La rue est complètement déserte. Il débouche sur une petite place : deux hommes sont occupés à décharger un camion, très vite, pendant qu'un troisième fait le guet. Ce dernier, stupéfait de voir surgir Lucien, s'approche de lui.

L'HOMME : D'où tu sors, toi ?

Lucien continue, sa bicyclette à la main. On entend un bruit de bottes. Il se jette sous une porte cochère. Une patrouille allemande passe devant lui. Lucien sourit, les laisse s'éloigner et reprend sa route.

Il marche maintenant dans une rue plus large, à la sortie de la ville, bordée de maisons 1900. Il entend une voiture, se cache. Une traction noire le dépasse, ralentit, et tourne pour passer une grille, à quelques mètres de lui. Il s'approche : la traction s'est arrêtée devant le perron d'une grosse villa, au style curieusement médiéval. De la voiture descendent un homme et deux filles qui rient et se bousculent en entrant dans la maison.

L'homme a pris les deux filles par la taille.

Au-dessus de la grille, une pancarte porte en grosses lettres :

HÔTEL-RESTAURANT DES GROTTES

Il y a d'autres voitures rangées dans le parc.

À côté de l'entrée, une véranda fait saillie. Il n'y a pas de rideaux, les lumières sont allumées (c'est la seule maison qu'on aura vue dans la ville avec les lumières allumées). On aperçoit des ombres qui passent et repassent. Par la fenêtre ouverte, on entend des rires, et un phono qui joue une chanson d'André Claveau.

Une fille vient s'accouder à la fenêtre, un homme l'attrape, la tire en arrière. La femme pousse un cri perçant. Lucien, fasciné, a posé son vélo et s'est avancé jusqu'à un arbuste, derrière lequel il se dissimule, pour regarder ce qui se passe à travers la véranda.

Un homme armé d'une mitraillette arrive par-derrière, sans se faire entendre, et l'attrape brusquement par le cou. Lucien se débat, mais l'homme lui plante le canon de sa mitraillette sur le ventre. De sa main libre, il lui tâte les poches pour voir s'il est armé et lui assène deux gifles au passage.

LA SENTINELLE: Alors, le gamin, on espionne? Avance, on va s'expliquer…

Il le fait avancer vers la maison, brutalement.

# 12.

Lucien, d'une bourrade, est poussé dans le hall d'entrée d'où part un grand escalier. Une autre sentinelle armée somnole dans un fauteuil.

Sous l'escalier, un couple élégant: Betty Beaulieu, une jolie fille très apprêtée, et Jean-Bernard de Voisins, un jeune homme au physique avantageux qui se donne des allures de dandy.

> JEAN-BERNARD (*à Betty*): Tu as des nouvelles de Paris ?

Betty a un gros chien, un danois superbe, couché à côté d'elle. Il se dresse et s'approche de Lucien, en grognant et l'air mauvais, comme s'il allait lui sauter à la gorge. Betty l'appelle.

> BETTY : Kid, viens, Kid… Viens ici, Kid…

La sentinelle pousse Lucien dans une pièce contiguë, où se trouvent un bar et trois tables. Ébloui par la lumière, il regarde autour de lui.

Derrière le bar, Marie, la serveuse, une petite brune aux traits irréguliers. À côté d'elle, Henri Aubert, un bel homme de trente-cinq ans, aux cheveux lisses et brillants, agite un shaker en susurrant des gentillesses à une grosse blonde assise de l'autre côté du bar et qui rit beaucoup. Autour du bar, beaucoup de photos dont quelques-unes montrent Aubert en coureur cycliste.

Par une porte sur le côté, une grande salle à manger, où une dizaine de personnes sont attablées. Quelques couples dansent au milieu des tables.

Assis à une table, dans le bar, Tonin, un homme corpulent d'une cinquantaine d'années, au visage gonflé d'alcoolique, joue à la belote avec deux vieux sous-officiers allemands.

À une autre table, deux femmes discutent, étrangement calmes au milieu du chahut général : Lucienne, la compagne de Tonin, très raide et pincée, et Mme Georges, personnage mystérieux, aux allures masculines.

Lucien, ébahi, reste planté au milieu de la pièce. Les conversations s'arrêtent. Les regards se tournent vers lui.

TONIN : Qui c'est, celui-là ?

LA SENTINELLE : Je l'ai trouvé dans le jardin... Il espionnait...

LUCIEN : C'est pas vrai... Je faisais rien. Je rentrais à l'hospice...

Aubert s'approche de lui.

AUBERT : Dis donc, petit gars, tu sais pas que c'est interdit de se promener en ville après dix heures ?

Lucien le regarde fixement, sans répondre.

AUBERT : Qu'est-ce que tu as à me regarder ?

LUCIEN : Vous êtes pas Henri Aubert, le coureur cycliste ?

AUBERT (*avec un sourire vaniteux*) : Tu m'as vu courir, petit ?

LUCIEN (*admiratif*) : Oui, au Grand Prix de Caussade, en 39. J'étais avec mon père... Vous avez gagné.

AUBERT (*sourire*) : Je me rappelle... Tu es de la ville ?

LUCIEN : Non, de Souleillac...

AUBERT : Attends... Je connais du monde à Souleillac. L'épicière, comment elle s'appelle ?

LUCIEN : Mme Cabessut.

AUBERT (*sourire*) : C'est ça, Mme Cabessut, une brune...

Lucienne se lève et vient parler à l'oreille de Tonin. Celui-ci se lève en regardant Lucien. Et, le prenant par les épaules, d'un geste large d'ivrogne, il l'entraîne.

TONIN : Viens boire un verre.

Ils arrivent au bar. Tonin tient toujours Lucien aux épaules, affectueusement. Lucienne les a suivis.

TONIN : Marie, deux Suze. (À *Lucien :*) Alors, comme ça, tu viens de Souleillac ?
LUCIEN : Vous connaissez ?
TONIN (*il lui met un verre dans la main et trinque avec lui*) : C'est beau, par là, c'est sauvage… C'est le causse, comme vous dites… un coin à maquis, à ce qu'il paraît ?

Lucien boit un grand coup. Il sourit.

LUCIEN : Vous savez, ils se montrent pas beaucoup.

Aubert, jouant le jeu de Tonin, intervient.

AUBERT : Elle va toujours bien, Mme Cabessut ?… Allez, bois un coup…

Plus tard. Les lumières sont éteintes, sauf une grosse lampe posée sur le bar. Lucien est accoudé à celui-ci, verre en main. Il est soûl. Lucienne, Tonin et Aubert l'entourent. Le jeune garçon semble flatté d'être l'objet de l'attention des trois autres.

LUCIENNE : Et comment il s'appelle, cet instituteur ?
LUCIEN : Peyssac… Peyssac Robert. Il paraît qu'il est franc-maçon… C'est quoi, un franc-maçon ?

TONIN: Et c'est lui qui commande? Tu es sûr?

LUCIEN *(péremptoire)*: Ouais, c'est lui. Mais avec un autre nom...

TONIN: Quel nom?

LUCIEN: Attendez... Voltaire, on l'appelle... le lieutenant Voltaire.

Lucien ne se sent pas bien. Il finit son verre et essaie de monter sur un tabouret.

LUCIEN: Je peux m'asseoir?

# 13.

Lucien dort, tout habillé, en chien de fusil, sur un canapé.

La pièce, qui sert de bureau à Tonin, était à l'origine le salon de l'hôtel. Sa porte donne sur le hall d'entrée et l'escalier. Aux meubles de salon, on a rajouté une table de bois qui supporte une machine à écrire, des classeurs et une grande carte de la région. Beaucoup de dossiers traînent un peu partout.

On entrouvre la porte. C'est Marie. Elle marche jusqu'au canapé.

MARIE *(secouant Lucien)*: Eh! Il faut te réveiller!

LUCIEN *(il se retourne, il a du mal à ouvrir les yeux)*: Quoi?

MARIE: C'est l'heure! Mlle Chauvelot va arriver!

Lucien s'assied sur le rebord du lit et se tient le front.

LUCIEN : Oh ! ma tête…

MARIE *(attendrie)* : Pauvre petit… Vous avez trop bu hier soir… Tu veux du café au lait et de l'aspirine ?

Elle lui passe la main dans les cheveux.

LUCIEN : Ouais…

Marie quitte la pièce. Lucien bâille, se lève, va à la fenêtre. Lucienne entre. Elle est vêtue d'une manière très stricte et porte un chignon. Elle a sous le bras un dossier. Elle s'assied immédiatement à son bureau et pose le dossier devant elle.

LUCIENNE *(en regardant Lucien)* : Bonjour, jeune homme…

LUCIEN *(intimidé)* : Bonjour, madame.

LUCIENNE *(se redressant)* : Mademoiselle !

Marie revient avec un plateau sur lequel il y a un bol de café au lait fumant, du pain et du beurre.

MARIE *(à Lucienne)* : Excusez-moi, mademoiselle Chauvelot… Mais il n'y avait pas de chambre pour lui…

LUCIENNE : Très bien, très bien.

Marie sort. Lucien commence à boire son café, se fait des tartines.

LUCIENNE *(ouvrant son dossier)* : Bon appétit.

Lucien la bouche pleine, lui fait un signe de tête. Lucienne ouvre son dossier, dont elle feuillette rapidement les pages, en donnant des coups de tampon au fur et à mesure. Lucien, en mangeant, l'observe.

Entre un jeune soldat allemand, un Feldwebel, qui se dirige vers le bureau de Lucienne. Il lui serre la main. Elle lui fait un grand sourire.

LE SOLDAT *(aimable)* : Bonjour, Fraulein Chauvelot.

LUCIENNE : Comment ça va ce matin ?

LE SOLDAT : Merci, ça va.

LUCIENNE : Attendez, j'ai presque fini…

LE SOLDAT : Quel beau temps aujourd'hui…

LUCIENNE : Vous voulez dire : quelle chaleur !…

Elle tamponne encore quelques feuillets, referme le dossier et le tend au jeune Allemand.

LUCIENNE : C'est pour M. Muller…

LE SOLDAT *(prenant le dossier)* : Einverstanden, Fraulein Chauvelot… Auf Wiedersehen…

Il lui serre la main et sort.

Lucien a suivi la scène avec un regard étonné.

Lucienne prend sur la table une grande quantité d'enveloppes et les trie.

LUCIENNE : Ils sont serviables… et ponctuels… Si on avait été comme eux, on aurait gagné la guerre… Ah zut ! Je me suis cassé un ongle… *(Elle regarde son index.)*

Entre Tonin, débraillé. Il est suivi d'un jeune coiffeur avec ses instruments.

TONIN (*à Lucienne*) : Qu'est-ce que tu disais, maman ?

LUCIENNE : Je me suis cassé un ongle.

Il va vers elle et l'embrasse sur le front.

LUCIENNE (*d'un ton de reproche*) : Tu as bu, Pierre… C'est mauvais le matin.

TONIN (*faisant l'enfant*) : Rien qu'une petite Suze, maman. Ça fait du bien… Avec cette chaleur, on se croirait à Saïgon…

Il s'assied sur une chaise au milieu de la pièce. Le jeune homme lui étend une serviette sur les épaules et commence à lui couper les cheveux.

TONIN (*à Lucien*) : Comment ça va, mon grand ?

LUCIEN : Ça va, monsieur Tonin.

TONIN (*à Lucienne, en désignant Lucien*) : Tu ne trouves pas qu'il ressemble à Paul ?

LUCIENNE (*oscillant de la tête*) : Un peu… Paul était plus mince…

TONIN : Et si tu me lisais un peu le courrier, maman…

Lucienne prend une lettre sur la pile et la lit.

LUCIENNE (*lisant*) : Messieurs de la Gestapo, Exploitant agricole, médaillé militaire, je viens vous rendre compte des agissements troubles du nommé Louvel Étienne. Non seulement cet individu…

Pendant qu'elle lit, on entend des voix dans l'entrée. Lucienne s'interrompt quand entre dans la pièce Peyssac, l'instituteur, les menottes aux poignets, poussé par Henri

Aubert, en survêtement, et par Faure — un autre membre du groupe, environ trente ans, l'air d'un intellectuel, insinuant et fouineur.

AUBERT *(à Tonin, jovial)* : Tiens, on t'apporte le lieutenant Voltaire, tout chaud… On l'a trouvé au lit. Il dormait comme un ange…

FAURE : Il avait des tracts sur sa table de nuit, cet innocent… *(Lisant un tract :)* «Les troupes allemandes reculent sur tous les fronts. Vous serez bientôt libres dans une France libre…» Ils pourraient peut-être demander l'avis de tout le monde… Moi, je n'ai pas envie d'être libéré par la Banque Rothschild… C'est mon droit, non ?

Lucien, bouche bée, considère Peyssac qui tient la tête haute. Il s'approche de lui, très près.

LUCIEN *(à voix basse)* : Monsieur Peyssac, qu'est-ce que…

PEYSSAC *(à mi-voix)* : Tais-toi, salopard !

Le jeune coiffeur asperge les cheveux de Tonin d'un liquide genre Pétrole Hahn.

TONIN : Vous êtes le bienvenu, monsieur Peyssac. *(À Faure :)* Monte-le au premier, j'arrive…

FAURE : Vous voulez que je le commence ?

TONIN *(agacé)* : Non. Tu m'attends…

Faure hausse les épaules et pousse Peyssac vers la porte.

FAURE : C'est drôle, je n'ai jamais aimé les instituteurs.

AUBERT *(à Tonin)*: Bon. Si vous n'avez pas besoin de moi, je vais prendre ma douche.

Il sort à son tour.

FAURE *(off)*: Je sais pas pourquoi, ils sont tous socialistes. Vous êtes socialiste, vous?

Lucien s'approche de Tonin.

LUCIEN: Qu'est-ce que vous allez lui faire?

Le jeune coiffeur enduit les cheveux de Tonin de brillantine et le coiffe très lentement et consciencieusement.

TONIN: On va bavarder… *(Il sourit.)* T'inquiète pas! *(À Lucienne :)* Il faudrait lui trouver une occupation à ce grand garçon…

LUCIENNE *(très autoritaire)*: Il n'a qu'à m'aider à ouvrir les lettres.

Lucien s'approche de Lucienne. Elle lui tend une pile de lettres et un couteau.

LUCIENNE *(ouvrant une lettre avec le couteau)*: Vous faites comme ça.

Lucien s'exécute, avec maladresse.

TONIN: Continue, maman…

LUCIENNE *(ouvrant une lettre, la lisant mécaniquement)*: «Je tiens à signaler à votre attention que la femme Lebœuf Solange, modiste à Lubsac, reçoit fréquemment la visite de ses deux fils réfractaires et communistes. Pas plus tard qu'hier…»

TONIN *(ennuyé)*: D'accord, d'accord…

Lucienne prend une autre lettre que lui tend Lucien.

LUCIENNE: «Catholique pratiquant, trouvant le marché noir indigne d'un Français et d'un chrétien…»

TONIN *(levant le bras pour l'interrompre)*: Bon!… Y a rien de sérieux ce matin?

LUCIENNE *(prenant un papier)*: Si. Une plainte de la Préfecture concernant la disparition du docteur Pradines.

TONIN: Laisse courir, maman… Ils sont pas près de le retrouver, le docteur Pradines…

Le jeune coiffeur tend un miroir de manière à ce que Tonin puisse voir sa nuque et ses tempes. Tonin acquiesce de la tête et se lève, en bâillant.

TONIN: Bon. Je vais m'occuper de Voltaire.

Il rit et sort rapidement de la pièce. Le jeune homme plie ses serviettes, range ses ciseaux et part à son tour.

Pendant ce temps, Lucien ouvre les lettres, les tend à Lucienne qui les range dans des dossiers.

LUCIEN *(hésitant)*: Vous êtes la… maman de M. Tonin?

LUCIENNE *(haussant les épaules)*: Mais non, voyons…

Elle ouvre un tiroir, y prend un autre paquet de lettres qu'elle pose sur la table devant Lucien.

LUCIEN : Y en a encore beaucoup comme ça ?

LUCIENNE *(sans lever les yeux)* : Nous en recevons environ deux cents par jour. Il y a même un monsieur qui nous écrit pour se dénoncer lui-même. *(Elle hausse les épaules.)* C'est comme une maladie…

Lucien continue d'ouvrir les lettres.

LUCIENNE *(lisant et soulignant quelque chose au crayon rouge)* : Vous… voulez travailler dans la police ?

LUCIEN : Je sais pas.

LUCIENNE : Vous êtes jeune… *(Elle le regarde.)* Je crois que l'inspecteur Lanciaga vous aime beaucoup.

LUCIEN *(surpris)* : Il est inspecteur, M. Tonin ?

Lucienne pose son crayon, rêveuse.

LUCIENNE *(pour elle-même)* : Il l'était… Un policier exceptionnel…

LUCIEN *(il hésite)* : Et… il l'est plus ?

Elle le regarde.

LUCIENNE *(intense)* : Ils l'ont révoqué, en 36, comme un malpropre !…

**14.**

Plus tard. Lucien passe du bureau dans un hall d'entrée. Ses galoches claquent sur le carrelage. On entend un grand cri, un hurlement de douleur, en provenance de l'étage. Lucien s'approche de l'escalier, les yeux levés. Deux enfants de cinq ou six ans descendent les marches en se poursuivant. On entend un autre cri. Marie apparaît par une petite porte sous l'escalier, portant un plateau de verres.

MARIE : Restez pas là, les enfants… Allez !…

Elle fait un sourire à Lucien et rentre dans le bar. Lucien entend des bruits de balles de ping-pong et des rires. Il va vers la porte sous l'escalier.

Il pénètre dans une grande pièce non meublée et en mauvais état. Dans un coin sont entassées des caisses en désordre. Au centre de la pièce, Betty Beaulieu et Jean-Bernard de Voisins jouent au ping-pong. Betty pousse des cris de petite fille. Elle porte une jupe-culotte et un foulard noué en turban. Lucien s'approche. Il les regarde un instant. Ils discutent en jouant.

BETTY *(à Jean-Bernard)* : Dis, Jean-By ?

JEAN-BERNARD : Quoi, chérie ?

BETTY : Il doit bien y avoir une boîte tzigane à Toulouse ?

JEAN-BERNARD *(las)* : Non, chérie. À Toulouse, il n'y a rien ! Rien !

BETTY : Alors quand est-ce que tu m'emmènes à San-Sebastian ?

JEAN-BERNARD : Bientôt, chérie.

Pendant ce temps, Lucien s'est approché d'Aubert, au fond de la pièce. Celui-ci, les cheveux mouillés et une serviette autour du cou, nettoie des pistolets posés devant lui sur une table. Derrière lui, quelques mitraillettes sont alignées sur un râtelier. Aubert fait un sourire à Lucien.

AUBERT : Tu as déjà tiré avec un truc comme ça ?
LUCIEN : Non.
AUBERT : C'est pas difficile !

Il lui met un Luger dans la main, lui indique la position exacte du bras.

AUBERT *(technique)* : Bien souple…

Il lui désigne, à quelques mètres, épinglée au mur, une grande affiche du maréchal Pétain, sous laquelle est écrit : « Êtes-vous plus français que lui ? »

AUBERT : Tu vises la narine gauche.

Lucien vise soigneusement et tire. Betty, qui joue toujours au ping-pong à l'arrière-plan, pousse un cri.

AUBERT : Je t'ai dit la narine gauche, pas le képi !

Lucien tire à nouveau.

AUBERT : C'est mieux. Mais tu relèves encore trop… Tu es trop raide !

Il corrige la position de Lucien, qui tire à nouveau. Pendant ce temps, à l'arrière-plan, Betty et Jean-Bernard se disputent. Betty tape du pied.

> BETTY : Mais dis donc, qu'est-ce qui te prend ? Pourquoi tu me parles comme ça ? *(Elle jette sa raquette.)* Et puis j'en ai assez, moi, d'être dans ce trou ! Je rentre à Paris !
>
> JEAN-BERNARD : Tu sais bien qu'on ne peut pas, chérie !
>
> BETTY : Ce n'est pas parce que Monsieur a fait des chèques sans provision que je dois moisir ici ! J'en ai assez, assez ! Il faut que je rentre à Paris ! Je dois voir Greven pour signer mon contrat avec la Continental !... Tu entends ?

Elle part.

Jean-Bernard se passe une main sur le front en signe de fatigue. Il s'approche de Lucien et le regarde tirer.

> AUBERT *(à Jean-Bernard)* : Il tire mieux que toi...
>
> JEAN-BERNARD : C'est pas difficile !... *(À Lucien :)* Tu restes avec nous ?
>
> LUCIEN : Je sais pas.

Il continue de tirer, très concentré.

## 15.

Jean-Bernard fait monter Lucien dans une Delahaye Grand Sport rangée devant l'hôtel des Grottes. Pendant qu'il s'installe au volant et fait ronfler le moteur, tout en enfilant des gants moitié cuir moitié fil, Lucien caresse le tableau de bord, ouvre la boîte à gants, y trouve des lunettes de soleil, les met (il les gardera, même chez Horn).

> LUCIEN : Où on va ?
>
> JEAN-BERNARD : Chez Albert Horn, mon vieux… *(Il le regarde en souriant.)* Tu ne sais pas qui c'est ?… Un des meilleurs tailleurs de Paris !

Sur cette dernière phrase, la Delahaye démarre et s'éloigne.

Elle roule rapidement dans une rue étroite de la ville et s'arrête devant une maison massive. Jean-Bernard et Lucien descendent.

Ils montent les marches d'un grand escalier en mauvais état.

> LUCIEN *(étonné)* : Il habite ici ?
>
> JEAN-BERNARD : Oui. Il se planque… *(Il rit.)* Il ne travaille que pour moi… Je n'aurais jamais imaginé que je le retrouverais dans ce trou…

Ils traversent un petit jardin. Une vieille dame, qui arrose des fleurs, s'interrompt et les suit des yeux.

> JEAN-BERNARD *(en cours de conversation)* : … Oui, j'étais dans un collège, pas loin d'ici, à Sorèze. Tu connais ?

LUCIEN : Non.

JEAN-BERNARD : Ils m'ont mis à la porte…

Ils montent maintenant un escalier à vis. Jean-Bernard siffle un air d'André Claveau, *Marjolaine*. Il s'arrête devant une porte et sonne.

La porte s'entrouvre : Horn, un homme massif d'une cinquantaine d'années, passe la tête par l'entrebâillement.

HORN (*à Jean-Bernard*) : Ah, c'est vous…

Jean-Bernard et Lucien suivent Horn dans une pièce en grand désordre, pleine de meubles et de vieux journaux. Les boiseries sont belles, mais on sent que la pièce a été inoccupée pendant longtemps. En face de la porte d'entrée, un large couloir s'enfonce vers une porte fermée. On y aperçoit, contre le mur, un réchaud vétuste, et un lavabo. Une porte à double battant donne sur une vaste pièce sombre, encombrée de meubles recouverts de housses.

Horn ferme la porte d'entrée et s'approche de Jean-Bernard. Il porte une robe de chambre en soie et donne une impression de négligé.

JEAN-BERNARD (*mondain*) : Je vous dérange ?

HORN (*froid*) : Jamais.

JEAN-BERNARD (*désignant Lucien*) : Je vous amène un client…

Horn dévisage Lucien et lui fait un léger signe de tête. Jean-Bernard s'affale sur une sorte de canapé défoncé. Lucien et Horn restent debout.

JEAN-BERNARD: C'est son premier costume… Ça compte dans la vie d'un homme…

Lucien est bien campé sur ses jambes et se dandine légèrement.

JEAN-BERNARD: Vous vous rappelez quand je suis venu chez vous pour la première fois avec papa… J'avais douze ans…

HORN (*la tête baissée*): Oui.

Jean-Bernard allume une cigarette.

JEAN-BERNARD: Vous étiez rue Marbeuf, à ce moment-là…

Horn semble n'avoir pas entendu et jauge Lucien comme s'il calculait ses mesures. Il désigne deux coupons de tissu posés sur une table près du canapé.

HORN (*avec lassitude*): Ce jeune homme veut-il le prince-de-galles ou la flanelle bleue, comme je vous ai fait il y a quinze jours?

JEAN-BERNARD: Prince-de-galles! Tu es d'accord, Lucien?

LUCIEN (*intimidé*): Je m'en fiche.

Horn prend un centimètre, du papier et un crayon sur la table. Il prend les mesures de Lucien.

À ce moment-là, une porte s'ouvre dans le couloir: une vieille dame entre dans la pièce, une tasse à la main, marche vers Horn, et semble ne prêter aucune attention à Jean-Bernard et à Lucien. Horn lui dit quelques mots en allemand. Jean-Bernard se lève et s'incline avec une courtoisie très « vieille France ».

JEAN-BERNARD : Madame…

La vieille dame ne lui répond pas.

Lucien l'observe derrière ses lunettes noires. Elle retourne dans le couloir et fait chauffer une casserole sur le réchaud. Jean-Bernard se rassied sur le canapé, soucieux.

JEAN-BERNARD *(à mi-voix)* : Elle est bizarre, madame votre mère…

Horn continue à prendre les mesures de Lucien. Jean-Bernard tâte les coupons de tissu posés sur la table.

JEAN-BERNARD *(rêveur)* : Ils sont beaux, ces tissus… Je les ai eus pour rien ! Quelques bons d'essence… *(À Horn :)* Je ne vous ai jamais dit d'où ils viennent ? De chez Cassels… On a liquidé ses stocks… Il était citoyen anglais…

Horn lève les yeux.

HORN : Qu'est-ce qu'il est devenu, Cassels ?
JEAN-BERNARD *(vipérin)* : Je crois qu'il y a un camp, à Saint-Denis, pour les Anglais… Pour les Juifs, c'est à Drancy.
HORN : Je sais.

Il a fini de prendre les mesures de Lucien.

HORN *(à Lucien)* : Je vous remercie.

Lucien va s'asseoir sur le canapé à côté de Jean-Bernard. Il joue avec le briquet de Jean-Bernard, allume une cigarette.

HORN (*se tournant vers Jean-Bernard, froidement*): Ce sera prêt dans cinq jours.

JEAN-BERNARD: Dites-moi, j'ai du nouveau pour l'Espagne. Il faut mettre le prix fort.

HORN (*doucement*): Vous trouvez que je n'ai pas déjà mis le prix fort?

JEAN-BERNARD: Ils vont prendre des mesures de plus en plus sévères contre les gens comme vous.

HORN: Ce que je vous ai donné ne vous suffit pas?

JEAN-BERNARD: Ça, mon cher, c'était pour les faux papiers. (*Se tournant vers Lucien et désignant Horn:*) Monsieur est un Juif riche et avare...

Brusquement, on entend un piano tout à côté. Horn se dirige vers la pièce voisine. On ne le voit plus, mais on entend des chuchotements qui ressemblent à une dispute. Le piano se tait. Horn revient dans la pièce, fermant la porte communicante. En même temps, il dit une phrase en allemand à sa mère, qui va et vient dans le couloir.

Jean-Bernard se lève et s'approche de Horn.

JEAN-BERNARD (*sournois*): Vous devez regretter Paris? Vous savez qu'il y a deux fois plus de boîtes de nuit qu'en 39? La guerre a du bon, finalement.

Pendant ce temps, Lucien joue distraitement avec le briquet de Jean-Bernard...

# 16.

Au bar de l'hôtel des Grottes, Faure, l'oreille collée au poste de T.S.F., écoute le bulletin d'information de la Radio nationale, qui donne des nouvelles du front de Normandie : nouvelles pro-allemandes, faisant état de grosses pertes du côté allié.

De l'autre côté du bar, Aubert et Mme Georges discutent à voix basse autour d'un dossier. Marie passe devant eux, portant un plateau de verres qu'elle dépose à une table où se trouvent Lucien, Betty, Jean-Bernard et le chien danois. Betty porte le verre à ses lèvres, boit et fait la grimace.

> BETTY : Ce n'est pas une vraie « Dame Rose » !
>
> JEAN-BERNARD : Je t'en prie, chérie. Cette jeune fille a fait ce qu'elle a pu.

Et il fait un clin d'œil à Marie.

> BETTY : Tu sais où j'ai bu les meilleures « Dame Rose » ? Au bar de Rudy Hiden, rue Magellan… C'est le meilleur bar anglais de Paris… *(À Faure, élevant la voix :)* Si vous nous mettiez de la musique ?

Faure se retourne.

> FAURE *(énervé)* : Je vous en prie, mademoiselle Beaulieu. Il se passe des choses graves !

Betty a un geste d'impatience. Elle se tourne vers Lucien.

BETTY *(charmante)* : Vous savez que je fais du cinéma, Lucien ?

LUCIEN : Ah bon…

BETTY : L'année dernière, j'ai eu un très beau rôle dans *Nuit de rafle*, avec Yvon Nevers…

LUCIEN : Alors, on peut vous voir au cinéma ?

BETTY : À Paris, vous pourriez, Lucien… *(Elle regarde Jean-Bernard, avec intention :)* Malheureusement, dans ce trou, les cinémas ne montrent que des vieux films…

JEAN-BERNARD : Eh oui…

Jean-Bernard s'est levé et s'est approché de Faure et de la T.S.F. Les informations se terminent. Faure se tourne vers lui, souriant.

FAURE : C'est bien ce que je pensais : les Américains ne sont pas des soldats ! Il paraît qu'ils mettent leurs Nègres en première ligne…

JEAN-BERNARD *(ironique)* : Vous êtes partial, mon vieux. Qui vous dit que ces informations sont exactes ?

FAURE *(souriant)* : Vous plaisantez ?

JEAN-BERNARD : Pas du tout. Il faut toujours écouter Radio-Londres, pour faire la moyenne…

Il tourne le bouton de la T.S.F., cherchant à capter la radio anglaise. Faure dégouline de sueur.

JEAN-BERNARD : Vous n'avez pas chaud avec votre veste ?

FAURE : Non.

Betty finit de dédicacer une photo d'elle-même à Lucien, une de ces photos d'actrice style Harcourt, dont elle a sorti une pile de son sac.

> BETTY : Voilà, Lucien !… *(Elle lit la dédicace :)* « À Lucien, par un soir de juin, avec tous mes vœux de bonheur, de poésie et de succès. »

Elle lui tend la photo.

Jean-Bernard a trouvé un poste anglais, qui donne aussi des informations, évidemment très différentes.

Faure, un peu en retrait, a déplié un journal (*Je suis Partout*).

> JEAN-BERNARD *(se penchant vers Faure)* : Vous comprenez l'anglais, Stéphane ?
>
> FAURE *(sans lever les yeux de son journal)* : Non. Pour quoi faire ?

Il regarde Jean-Bernard.

> FAURE *(voix forte)* : Je n'ai pas l'intention de retourner ma veste, moi… Vous voulez que je vous dise ce que je pense des Anglais ?… Ils me dégoûtent…

Betty, qui l'a entendu, se tourne vers lui.

> BETTY *(fort)* : En tout cas, ils sont plus beaux que les Français… *(À Lucien :)* Moi, j'étais amoureuse de Leslie Howard !

Lucien n'a pas l'air de connaître ce nom. Il suit la discussion avec curiosité, comme s'il était au spectacle.

Faure se tourne vers Jean-Bernard.

FAURE *(souriant)* : La bêtise a des limites, vous ne trouvez pas ?

Betty se lève, furieuse.

BETTY : Qu'est-ce que vous avez dit ? Répétez ce que vous avez dit !

Tonin entre, venant de l'escalier.

TONIN *(à Betty)* : Eh ben ! vous vous disputez encore ?

Il vient jusqu'au bar.

TONIN *(à Aubert)* : Henri, donne-moi un cognac ! Toujours les affaires ?
AUBERT : Eh, il faut bien.
TONIN *(se tournant vers Jean-Bernard et Faure)* : Il y a du boulot pour vous là-haut...

Jean-Bernard coupe la radio.

JEAN-BERNARD : Allons-y !
BETTY : Je viens aussi.
JEAN-BERNARD : Ce n'est pas la peine, ma chérie...

Tonin avale son cognac d'une lampée.

TONIN : Si ça l'amuse...

Betty se plante devant Jean-Bernard.

BETTY *(appuyant sur les mots)* : Oui, ça m'amuse !

Elle sort la première, suivie de Jean-Bernard et de Faure. Le danois traîne un peu dans le bar, vient près de Lucien en grognant et sort à son tour.

Lucien, toujours assis, bâille. On entend, venant de l'escalier, la voix de Betty, qui s'éloigne peu à peu.

BETTY *(off)* : Je m'en fiche pas mal, moi, si c'est les Anglais ou les Allemands qui gagnent la guerre !... Tout ce que je sais, c'est que je perds mon temps ici... Et ma carrière, est-ce que tu penses à ma carrière ?...

Pendant ce temps, Aubert est au téléphone, près du bar. À côté de lui, Mme Georges, un carnet à la main.

AUBERT : Allô... Reoyo ? C'est Henri... Oui... oui.

MME GEORGES *(anxieuse)* : Mais qu'est-ce qu'il dit ?

AUBERT *(mettant la main sur l'écouteur)* : Il y a deux wagons de chaussures à la frontière espagnole...

MME GEORGES : Wagons de chaussures ? Et le bon de déblocage ?

AUBERT : Il peut l'avoir par Guy Max, contre le wolfram.

MME GEORGES : Dites-lui que c'est d'accord.

AUBERT *(à l'appareil)* : Eh bien, c'est d'accord, Reoyo... On marche comme ça... D'accord... D'accord...

Marie, défaisant son tablier, quitte le bar et s'approche de Lucien.

MARIE : Tu veux une tisane ?

Lucien la regarde et fait non de la tête. Marie se penche vers lui.

MARIE *(à mi-voix)* : Tu vas pas dormir encore cette nuit dans le bureau de Mlle Chauvelot ?

Lucien la regarde.

MARIE : Je vais monter maintenant… Tu attends un peu… C'est la cinquième porte à droite au fond du couloir…

Lucien acquiesce. Marie sort.
Mme Georges et Aubert continuent de discuter au bar.

AUBERT : Vous avez parlé à Wiroth ?

MME GEORGES : Oui, il va me faire une ristourne sur les peaux de chamois.

AUBERT : Ça intéresse les Fritz ?

MME GEORGES : Les peaux de chamois ? Vous n'avez pas idée…

AUBERT *(admiratif)* : Madame Georges, vous êtes une sacrée femme d'affaires… Et les cuirs tannés ?

MME GEORGES *(désolée)* : Il n'a plus que des cuirs verts… À un prix très raisonnable…

AUBERT : Très raisonnable ?

Lucien se lève, passe dans l'entrée et monte l'escalier, presque sur la pointe des pieds.

# 17.

Lucien arrive sur le palier du premier étage, plongé dans l'obscurité. Une porte est entrouverte, à l'entrée du couloir, en face de lui, qui donne sur une pièce éclairée. On entend un gémissement, une plainte, très faible. Il s'approche et jette un œil par l'entrebâillement de la porte.

Une grande salle de bains, avec lavabo double et baignoire. On y a rajouté une table, sur laquelle est posée une machine à écrire, et un canapé. Lucienne est assise sur une chaise, devant la machine à écrire. Faure marche de long en large dans la pièce. Betty est assise sur le canapé.

Jean-Bernard, en manches de chemise, tient la tête d'un prisonnier enfoncée dans l'eau de la baignoire. Le prisonnier, mains attachées dans le dos par des menottes, se remue, essayant vainement de se dégager, et éclabousse Jean-Bernard, qui fait un saut en arrière. Betty éclate de rire.

BETTY : Ton pantalon, Jean-By !

Jean-Bernard relève la tête de l'homme, en le tirant en arrière par les cheveux : c'est Peyssac, qui suffoque bruyamment, essayant de reprendre son souffle. Au moment où il y parvient, Jean-Bernard le plonge à nouveau dans la baignoire.

Lucien regarde la scène, immobile derrière la porte.

On entend à nouveau le rire de Betty, des bruits d'eau et la voix de Faure.

FAURE *(off)* : Tu vas parler, salopard ! Il a l'air d'aimer ça, ma parole !

Lucien avance dans le couloir, les yeux fixes. Il croise le chien danois de Betty, qui a l'air de s'ennuyer et l'accompagne jusqu'à la porte de Marie. Il entre chez Marie; une petite chambre minuscule, dont un lit étroit constitue tout le mobilier.

Marie, assise sur le lit, en train de défaire ses cheveux, se lève et lui passe les bras autour du cou. Lucien se dégage et s'assied sur le lit, lourdement.

Un temps. On entend au loin le rire de Betty. Marie, décontenancée, lui caresse les cheveux, debout devant lui.

> MARIE: Tu devrais pas te mêler à ces gens-là... C'est
> pas des gens comme nous...

Le poussant par les épaules, elle le fait basculer en arrière sur le lit.

> MARIE: D'abord, c'est les Américains qui vont gagner
> la guerre... Tout le monde le dit...

Elle se couche sur lui, l'embrasse.

> MARIE: Tu m'entends? *(Elle rit.)* Les Boches, ils sont
> foutus... C'est les Américains, je te dis...

# 18.

Jean-Bernard et Lucien entrent dans le jardin d'une maison bourgeoise imposante, à la sortie d'un petit village. Ce jardin donne l'impression d'une oasis préservée de la guerre: parasols, transats, tables de jardin. Des enfants jouent, surveillés par deux femmes en robe d'été. Au fond du jardin, des jeunes filles jouent au badminton.

Jean-Bernard et Lucien sont habillés en maquisards. Jean-Bernard boite et se tient la cuisse, comme s'il était blessé. Lucien le soutient.

JEAN-BERNARD (*à mi-voix*) : Tu me laisses parler, j'ai l'habitude…

Ils avancent dans le jardin.

JEAN-BERNARD (*à mi-voix*) : Au fond, ça m'aurait amusé d'être comédien… (*Il sourit.*) Je crois que j'aurais été meilleur que Betty…

Le sourire de Jean-Bernard se transforme à nouveau en rictus de souffrance : un homme d'allure patricienne, en manches de chemise et chapeau de paille, s'avance vers eux.

JEAN-BERNARD : Professeur Vaugeois ?

VAUGEOIS (*sec*) : Lui-même.

JEAN-BERNARD : Je suis du maquis de Lorsac… Les Boches ont attaqué… J'ai une balle dans la cuisse.

Vaugeois semble hésiter sur la conduite à tenir. Il jauge Jean-Bernard et Lucien du regard.

VAUGEOIS : Je suis en vacances… Et je n'ai rien ici pour vous soigner… (*Un temps.*) Enfin, entrez !

Vaugeois fait entrer Jean-Bernard et Lucien dans un grand salon, très chargé en meubles et en bibelots. On doit sentir que cette maison est habitée par la même famille depuis plusieurs générations.

Lucien regarde autour de lui avec des yeux étonnés : c'est la première fois de sa vie qu'il se trouve confronté avec l'opulence bourgeoise. Au fond du salon, un jeune homme de dix-huit ans est en train de bricoler une maquette de paquebot posée sur une table.

> VAUGEOIS *(à Jean-Bernard)* : C'est mon fils. Patrick, va chercher ma trousse, des pansements, et de l'alcool.
>
> PATRICK : Oui, papa.

Il quitte la pièce rapidement.

> VAUGEOIS *(à Jean-Bernard)* : Allongez-vous.

Jean-Bernard s'allonge sur le canapé. Vaugeois défait le pansement. Jean-Bernard pousse un gémissement.

> JEAN-BERNARD : C'est les camarades qui m'ont parlé de vous… Surtout le commandant Mery…
>
> VAUGEOIS *(sourire)* : Ah bon ! Vous connaissez Mery ?
>
> JEAN-BERNARD : Très bien…
>
> VAUGEOIS *(en confidence)* : C'est un ami… De temps en temps, il m'envoie un gars…

Vaugeois finit d'enlever le bandage, voit qu'il n'y a pas de blessure, lève la tête vers Jean-Bernard qui, nonchalamment, sort un Luger de sa poche et le pointe sur lui.

> JEAN-BERNARD *(poli)* : Excusez-moi… Police allemande ! Je suis désolé !

Il se lève sans hâte et fait signe à Lucien.

JEAN-BERNARD : Tu le surveilles !...

Lucien sort lui aussi un pistolet de sa poche. Il le braque sur Vaugeois et le place mains en l'air, face au mur. Jean-Bernard se dirige vers la fenêtre, l'ouvre et tire deux coups de feu.

Le fils Vaugeois revient, les bras chargés de bouteilles et de pansements, suivi par deux femmes, dont l'une est en tenue de tennis.

LA FEMME EN TENUE DE TENNIS *(affolée)* : Mais qu'est-ce que c'est, Paul ?

VAUGEOIS *(digne, les mains en l'air)* : N'aie pas peur, chérie.

Jean-Bernard revient au centre de la pièce et salue les dames. Il voit un camée sur la cheminée, le prend.

JEAN-BERNARD *(connaisseur)* : C'est ravissant...

Et il le met dans sa poche. Puis il se rapproche des deux femmes, comme si quelque chose le préoccupait.

JEAN-BERNARD : Dites-moi... Est-ce que vous êtes parentes de Philippe Vaugeois ?

La dame en tenue de tennis hoche craintivement la tête. Jean-Bernard sourit.

JEAN-BERNARD : Je l'ai connu à La Baule... Voyons... En septembre 38... C'était un excellent tennisman, Philippe...

On entend des voitures s'arrêter devant la maison.

Pendant ce temps, Lucien fait le tour du salon, examinant les meubles, les bibelots, les tableaux. Il passe à côté du fils Vaugeois, pétrifié, ses pansements et ses bouteilles à la main. Il lui désigne avec son pistolet un tableau dix-neuvième représentant une dame austère.

> LUCIEN : Qui c'est ?
>
> LE FILS VAUGEOIS (*bredouillant*) : Mon arrière-grand-mère…

Lucien s'arrête devant une liseuse confortable, un meuble anglais en cuir. Il tâte le rembourrage, puis s'assied, très raide et grave, comme s'il voulait éprouver la solidité du fauteuil. Il se lève, se rassied encore, plus confortablement cette fois, allongeant les jambes. Le fils Vaugeois le regarde faire, sans bouger.

Tonin, Faure, Hippolyte (un Martiniquais) entrent dans le salon.

Jean-Bernard s'approche de Tonin.

> JEAN-BERNARD (*désignant Vaugeois*) : C'est bien ce qu'on pensait ! Il travaille avec Mery !

Les deux femmes sont dans un coin de la pièce, terrorisées.

> MME VAUGEOIS (*terrorisée*) : Mais fais quelque chose Paul ? Appelle le préfet !
>
> VAUGEOIS : Ne crains rien.

Le téléphone sonne, sur une table, à côté d'elles.
Mme Vaugeois veut répondre, mais Hippolyte s'interpose. Il
décroche.

> HIPPOLYTE *(gentiment)*: Allô? Oui... Vous voulez
> parler au professeur Vaugeois... attendez...
> *(Il se tourne vers Tonin.)* C'est le frère du professeur
> Vaugeois... Qu'est-ce que je dis, chef?

Tonin est en train d'examiner en connaisseur des bouteilles d'alcool posées sur un plateau.

> TONIN: Tu n'as qu'à dire qu'on va le fusiller...

Le Martiniquais reprend l'appareil.

> HIPPOLYTE *(très gentiment)*: On va fusiller le profes-
> seur Vaugeois, monsieur... Oui... Fusiller...
> TONIN: Et embrasse-le de ma part.
> HIPPOLYTE: Je vous embrasse, monsieur...
> *(À Tonin:)* Il a raccroché!

Tonin s'avance vers Vaugeois. Il tient à la main une bouteille de poire, dont il boit une longue rasade.

> TONIN *(brutalement)*: Alors, qu'est-ce que vous allez
> nous raconter sur le commandant Mery, hein?

Vaugeois ne répond pas. Faure s'avance vers lui, avec un
sourire.

> FAURE: Un homme comme vous, travailler avec les
> terroristes, ça me dépasse!... Le bolchevisme en
> France, c'est ça que vous voulez?

VAUGEOIS *(digne)* : Je suis gaulliste, monsieur.

FAURE *(haussant les épaules)* : Enfin ! Vous ne savez pas que de Gaulle est entouré de Juifs et de communistes ?... Voulez-vous que je vous cite des noms ? Schumann, vous trouvez ça français, vous ?

Tonin a un geste excédé.

TONIN *(à Faure)* : La politique, c'est pour tout à l'heure.

Il se tourne vers Vaugeois et, d'un ton faussement enfantin :

TONIN : Allez, docteur, racontez-moi des choses sur le commandant Mery. *(Il boit un coup.)* Allez, racontez, docteur !

Pendant ce temps, Jean-Bernard et Hippolyte font le tour de la pièce, fouillant les tiroirs, ouvrant les armoires vitrées. Jean-Bernard indique au Martiniquais ce qu'il faut prendre, avec des gestes de connaisseur : statuettes, jades, argenterie, qu'Hippolyte enfourne dans un grand sac.

Lucien examine la maquette de bateau. Le fils Vaugeois s'approche timidement.

LUCIEN : C'est quoi ?

LE FILS VAUGEOIS : C'est le *Wandera*... *(Il s'enhardit :)* C'est moi qui l'ai fait... J'ai mis un an...

Il caresse la maquette du doigt. On sent que c'est toute sa vie.

LE FILS VAUGEOIS (*sourire*) : Il est presque fini…

LUCIEN : C'est difficile ?

LE FILS VAUGEOIS (*enthousiaste*) : Oui… Surtout les hublots…

Lucien dévisage ce garçon de son âge, qui est comme un Martien pour lui. Jean-Bernard s'est approché. Il touche la maquette, passe son doigt sur les superstructures du bateau, les mâts. Le fils Vaugeois a un mouvement, comme pour l'en empêcher, mais il se ravise.

JEAN-BERNARD (*doucement*) : Alors, tu es comme ton père, tu ne sais rien sur les maquis ?

Jean-Bernard passe son doigt sur un mât, qu'il casse d'un coup sec. Le fils Vaugeois regarde, fasciné. Lucien s'avance, enfonce son doigt par un hublot et tire lentement, arrachant un morceau du pont, avec un craquement sinistre qui provoque un rictus douloureux sur le visage du fils Vaugeois.

# 19.

Lucien monte les dernières marches de l'escalier à vis et frappe à la porte de Horn. On entend un piano. Horn ouvre. Lucien entre. Horn porte la même robe de chambre et un foulard noué de manière très lâche autour du cou. Il est mal rasé.

LUCIEN (*mal assuré*) : Bonjour…

HORN : Bonjour…

Horn se dirige vers le lavabo situé dans le couloir et se lave les mains très consciencieusement. Il est un peu penché, se regarde dans la glace, passe une main sur ses cheveux. Puis il marche vers Lucien, tout en s'essuyant les mains avec une serviette. Il sourit.

HORN : Votre costume est prêt…

Le costume est sur la grande table, près du canapé. Horn désigne à Lucien le bas du pantalon.

HORN : Je vous ai fait un pantalon-golf… C'est plus élégant pour un jeune homme…

Lucien s'assied sur le canapé, allume une cigarette, pose le paquet sur la table. Puis, toujours regardant Horn, il donne une chiquenaude au paquet qui file sur la table vers Horn. Lucien lui fait un geste signifiant : « Servez-vous ». Horn prend une cigarette sans faire bouger le paquet. Lucien lui tend un briquet. Horn le prend, mais n'arrive pas à allumer la cigarette qu'il finit par poser n'importe où.

HORN : Ça vous plaît, le pantalon-golf ?

Lucien ne répond pas. Horn semble embarrassé.

HORN : On peut faire un pantalon droit… Mais je trouve qu'il y a quelque chose de plus dans le pantalon-golf… de plus… de plus…

Lucien fume sa cigarette, imperturbable.

LUCIEN : C'est quoi, un pantalon-golf ?…

Horn le dévisage, sans rien dire, avec une sorte d'étonnement. Lucien se dresse, écrase son mégot entre ses
doigts, souffle dessus et le met dans sa poche.

LUCIEN *(menaçant)* : C'est quoi, un pantalon-golf ?
HORN *(désignant le bas du pantalon)* : C'est… c'est
comme ça…

Il lui apporte la veste et le pantalon.

HORN : Il faudrait que nous… fassions… un essayage.

Puis il retourne au lavabo et s'essuie les mains une nouvelle fois. Pendant ce temps, Lucien se lève, nonchalamment, sort son revolver de sa poche, le pose sur la table et
lui donne deux petites tapes comme à un animal. *(Horn a le
dos tourné, à l'arrière-plan.)* Lucien enlève son pantalon, tout
en sifflotant très doucement, enfile le pantalon-golf. Il regarde
le bas du pantalon.
Horn revient vers Lucien.

LUCIEN : C'est ça, un pantalon-golf ?
HORN *(immobile, presque solennel)* : Oui. Eh oui…

Horn s'accroupit pour lui attacher le pantalon-golf sur les
mollets.

HORN : Vous êtes de la ville ?
LUCIEN : Non. De Souleillac.
HORN : Et vous êtes un… ami de Jean-Bernard de
Voisins ?
LUCIEN : Ouais.

HORN *(hésitant)* : Vous faites… des… études ?… Vous êtes… en vacances ?

LUCIEN : Non. Je suis dans la police allemande.

Horn reçoit le coup tête baissée. Puis il se relève et lui enfile la veste et l'ajuste. Il prend une grosse paire de ciseaux sur la table et coupe les fils qui sont restés sur le costume, en particulier sous le col. Il tourne autour de Lucien, debout, immobile.

HORN *(comme s'il se parlait à lui-même)* : Vous savez… J'ai connu le père de Jean-Bernard, le comte de Voisins… Un homme charmant… Il se faisait beaucoup de soucis pour son fils.

Lucien reprend doucement le revolver, l'enfonce dans la poche intérieure de sa veste, puis le ressort.

LUCIEN : Alors comme ça vous êtes… un Juif ?…

Horn ne répond pas. Le piano, qu'on entendait jusque-là, s'est arrêté.

LUCIEN : M. Faure dit que les Juifs sont les ennemis de la France.

HORN : Non… pas moi…

Lucien essaie maintenant de placer le revolver dans l'autre poche.

LUCIEN : Vous êtes de Paris ?

HORN : Oui… Je faisais bien mon métier… J'avais de bons clients… des amis…

LUCIEN : Quoi ?

HORN *(las)* : Rien.

Une jeune fille d'une vingtaine d'années est entrée brusquement dans la pièce, souriante. Elle voit Lucien, le regarde un instant, puis va vers le couloir, sans faire de bruit. Lucien la suit des yeux. Horn, qui a le dos tourné, n'a pas vu la jeune fille.

Elle revient dans la pièce, portant un cabas. Elle va ouvrir un tiroir pour prendre de l'argent, sans se presser, en jetant des coups d'œil curieux à Lucien.

Celui-ci ne la quitte pas des yeux.

Horn, suivant le regard de Lucien, se retourne et la voit. Il paraît contrarié, et s'avance vers la jeune fille.

HORN : Qu'est-ce que tu veux ?

LA JEUNE FILLE : Je vais faire les courses.

HORN : Tu vois bien que je suis occupé.

La jeune fille s'approche de Lucien.

LA JEUNE FILLE *(à Horn)* : Tu ne me présentes pas ?

Horn hésite.

HORN *(gêné, à Lucien)* : Ma fille.

LUCIEN : Comment elle s'appelle ?

HORN : France…

Lucien lui tend la main.

LUCIEN : Lacombe Lucien…

Ils se serrent la main et restent un instant face à face.
Horn prend sa fille par le bras et l'entraîne vers la porte.

HORN *(autoritaire)*: Dépêche-toi, voyons… À tout à
l'heure !

Elle sort. Horn revient vers Lucien.
Celui-ci est allé se contempler devant une grande glace
en pied. Il carre les épaules et boutonne lentement la veste.

LUCIEN *(sans regarder Horn)*: M. Jean-Bernard m'a
chargé de vous demander l'argent que vous lui devez.

Horn ouvre un tiroir de la table, sort une liasse de billets
qu'il compte avec lassitude. Il la tend à Lucien, qui l'empoche.

HORN: Vous direz à M. Jean-Bernard que son père
serait très triste, s'il voyait ça… C'était un vrai gentil-
homme !… *(Brutalement:)* Oh, et puis je m'en fous !

Lucien a boutonné tous les boutons, de sorte qu'il a du
mal pour mettre son revolver dans la poche intérieure de
la veste. Il reste là, debout, devant la glace, très sérieux.

# 20.

Lucien, vêtu de ses knickerbockers, son vieux pantalon
roulé sous le bras, traverse une place de la ville, où règne
une curieuse animation. D'un camion militaire descendent une dizaine de soldats allemands qui plaisantent et se
bousculent.

Lucien s'engage dans une rue commerçante. Il croise un passant qui jette un coup d'œil sur ses pantalons.

Devant une crémerie, des ménagères font la queue. Lucien remonte la file et tombe nez à nez sur la fille de Horn. Il la salue. Elle répond. Il continue, s'arrête, hésite, fait demi-tour et revient vers elle.

LUCIEN : Venez avec moi.

Il la prend par le bras et la fait passer en tête de la queue. Les ménagères, furieuses, protestent et les invectivent. Lucien essaie de faire entrer France dans la boutique, mais une femme leur barre le passage.

LA FEMME : À la queue, les gamins, comme tout le monde !

Les ménagères sont déchaînées : insultes et gros mots pleuvent. Lucien, débordé, essaie de tenir tête.

LUCIEN *(criant)* : Priorité !... Police allemande...

FRANCE *(à Lucien)* : Vous ne croyez pas que vous exagérez ?

Un policier en uniforme, grand et corpulent, survient et attrape brutalement Lucien par le bras.

LE POLICIER : Dis donc toi !... Qu'est-ce que c'est que cette histoire ?

Lucien se dégage, sort une carte de sa poche et la tend au policier qui l'examine.

LUCIEN (*l'air sournois*) : Police allemande…

LE POLICIER (*surpris*) : Vous travaillez avec M. Tonin ?

LUCIEN : Eh oui…

Le policier, mal à l'aise, lui rend sa carte.

LE POLICIER : Excusez-moi, je vous connaissais pas.

Il s'éclipse, gêné. Lucien rempoche sa carte, regarde autour de lui. Il voit France reprendre sa place à l'arrière de la queue, sans un mot.

## 21.

En fin de journée, Lucien monte l'escalier des Horn, une boîte de carton sous le bras. Il traverse le jardinet. Il croise une femme, une bourgeoise, qui lui jette un regard méfiant. Il se retourne, après quelques pas. La femme s'est arrêtée et l'observe.

Lucien monte l'escalier à vis. Arrivé à la porte, il s'arrête : on entend des éclats de voix de l'autre côté de la cloison. Lucien écoute.

VOIX DE FRANCE (*très énervée*) : Pourquoi tu me parles toujours de cette histoire !… J'ai oublié, moi…

VOIX DE HORN : Mais c'est toi qui viens de m'en parler… Tu ne vas pas me dire que c'était un garçon bien, tout de même… Après ce qu'il a fait…

VOIX DE FRANCE : Parlons d'autre chose… C'est tellement loin, tout ça… Paris, et le reste…

VOIX DE HORN : Ça fait juste un an, ma chérie…

Lucien sonne. La dispute s'arrête aussitôt. La mère de Horn entrebâille la porte et reste immobile, à considérer Lucien.

LUCIEN : M. Horn est là ?

Elle ne répond pas. Lucien pousse carrément la porte et entre.

Horn et sa fille sont assis à la table, sur le point de dîner. Horn se lève. Il porte sa robe de chambre.

HORN : Qu'est-ce qu'il y a ? Que voulez-vous ?

LUCIEN (*avec aplomb*) : Moi ? Je viens voir votre fille.

Lucien marche vers la table et y pose soigneusement sa boîte. Horn vient se mettre à côté de sa fille, comme s'il voulait la protéger. Il reste debout.

LUCIEN : Bonsoir, mademoiselle.

France lève les yeux vers Lucien, avec un léger sourire.

FRANCE : Bonsoir.

LUCIEN (*comme chez lui*) : Asseyez-vous, monsieur Horn.

Horn s'assied à côté de sa fille. Lucien s'assied en face d'eux. Un temps. Ils s'observent.

LUCIEN : Il fait bon ici... C'est pas comme dehors...

La mère de Horn, venant du large couloir, à l'arrière-plan, qui fait office de cuisine, apporte une soupière. Horn sert sa fille, en disant quelques mots en allemand à la vieille dame. Celle-ci répond par une longue phrase en allemand, et va chercher une assiette et des couverts, qu'elle pose brutalement sur la table devant Lucien qui la suit des yeux avec étonnement. Elle retourne dans le couloir et s'assied à une petite table, devant une réussite.

HORN (*à Lucien*) : Vous dînez avec nous, je suppose ?

Lucien fait oui de la tête. Il se sert lui-même de potage et commence à manger, comme un paysan, le visage près de l'assiette. Horn et France le regardent à la dérobée. Lucien met du pain dans sa soupe. Il voit que les deux autres l'observent et, comme s'il se rappelait soudain la présence de la boîte qui est posée à côté de lui, il commence à l'ouvrir.

LUCIEN : Je vous ai apporté un cadeau...

Il sort du carton six bouteilles de champagne et les range en ligne au milieu de la table.

LUCIEN (*désignant l'étiquette, fièrement*) : Champagne de Lossy... M. Jean-Bernard m'a dit que c'était le meilleur...
(*À France :*) Vous aimez le champagne, mademoiselle ?

France regarde son père d'une manière désagréable.

FRANCE : Non. Pas ce soir.
HORN (*lugubre*) : Mais si, tu aimes le champagne...

Lucien ouvre une bouteille sans précaution, observé par France et par Horn. Le champagne gicle. Il a un mouvement de surprise, puis il en rit. Il est le seul à en rire. Son rire s'éteint. Il verse à boire, un peu gêné, à France et à Horn. Puis il se dirige vers la vieille, bouteille à la main, et lui verse du champagne dans sa tasse à thé.

LUCIEN : Allez, mémé, à la vôtre !

Elle ne lui prête aucune attention. Elle se lève, va vider le champagne dans l'évier, puis reprend sa réussite. Lucien vient se rasseoir devant Horn et France.

LUCIEN *(levant son verre)* : On trinque, monsieur Horn ?

Horn lève mollement son verre que Lucien choque. France ne bronche pas.

LUCIEN : Vous devriez boire un coup, mademoiselle…
FRANCE : Il est tiède, votre champagne… Et en plus, c'est une mauvaise année…

Horn se tourne vers France.

HORN : France, ce jeune homme est un client…
*(À Lucien :)* Excusez-moi, mais je ne me rappelle plus votre nom…
LUCIEN *(mécaniquement)* : Lacombe Lucien.
HORN : Lucien… *(Rêveur :)* Joli nom !

Lucien le regarde.

LUCIEN *(menaçant)* : Et vous, c'est Albert que vous vous appelez…
HORN : Eh oui… *(Comme consterné :)* Albert…

France les regarde tous les deux et éclate de rire. Lucien, enhardi, tend son verre en direction de France.

LUCIEN *(souriant)* : Allez, à votre santé… Chérie…

Il a dit « chérie » comme s'il prononçait un mot étranger.

FRANCE : Chérie ?

Elle éclate de rire à nouveau, se lève et quitte la table. Horn cherche à changer de conversation.

HORN : Vous êtes content de votre pantalon-golf ?
LUCIEN : Pas tellement, monsieur Horn.

Il y a comme une menace dans sa voix.

# 22.

Plus tard. Il fait nuit.

France et Horn sont assis l'un à côté de l'autre, sur le divan. Lucien a pris place sur un vieux fauteuil de cuir fatigué. La grand-mère a disparu.

Lucien fume. Il écrase son mégot, souffle dessus et le met dans sa poche. Il termine son verre. Il semble éméché. Il attrape une bouteille de champagne et la débouche.

LUCIEN *(à Horn)* : Vous connaissez Betty Beaulieu ?
HORN *(visiblement excédé)* : Pardon ?

LUCIEN : Betty Beaulieu, l'amie de M. Jean-Bernard. *(Il sort de sa poche la photo dédicacée.)* … Elle a joué dans *Nuit de rafle*…

Il se lève et tend la photo à Horn qui l'examine distraitement.

HORN : Non, je ne la connais pas.

LUCIEN *(prenant la bouteille)* : Encore du champagne, monsieur Horn ?… C'est la fête…

HORN *(excédé)* : Non, vraiment…

LUCIEN : Allez, Albert, ça fait pas de mal !

Il remplit le verre de Horn.

France se dresse brusquement.

FRANCE : Mais qu'est-ce qu'on fête exactement ?

Horn lui prend la main.

HORN : Tu devrais aller te coucher…

LUCIEN *(menaçant)* : Je vous interdis d'aller vous coucher… chérie…

FRANCE : Pourquoi vous m'appelez « chérie » ?

LUCIEN : Je sais pas.

Ils se regardent tous les deux et rient.

FRANCE *(insolente, à Lucien)* : Et qu'est-ce que vous faisiez, avant d'être dans la police ?

LUCIEN : Bé… j'étais… étudiant…

FRANCE : Étudiant en quoi ?

Lucien se lève, furieux.

LUCIEN (*menaçant*) : Vous savez que moi (*il se désigne*),
je peux tous vous faire arrêter…

Horn se penche vers France.

HORN : France, tais-toi !
FRANCE : Tu as peur de lui ?
LUCIEN : Oui. Et il a raison…

À ce moment-là, on sonne à la porte. Lucien veut aller
ouvrir. Horn se lève rapidement.

HORN : J'y vais.

Lucien et France restent seuls. On entend le bruit d'une
conversation dans l'escalier. Lucien regarde France, qui le
regarde aussi. Il remplit son verre de champagne et le lui
tend. Elle porte le verre à ses lèvres et continue de le
regarder, avec une expression rêveuse et amusée. Du bout
des doigts, elle lui touche le plat de la main.

FRANCE : Vous avez de drôles de mains…

Horn rentre, accompagné d'un homme, genre notable de
province.

L'HOMME (*avec une ironie méprisante*) : Mais si, cher
monsieur, je suis parfaitement en droit d'augmenter
mon loyer… Je prends assez de risques comme ça en
vous ayant sur le dos… D'ailleurs personne ne vous
retient ici… La France n'est pas un hall de gare…

HORN *(avec lassitude)* : D'accord, monsieur Raverdy.

L'HOMME *(méprisant)* : Savez-vous ce qu'a dit le Maréchal ?...

Lucien hausse les épaules.

LUCIEN *(plein de mépris)* : Le Maréchal...
*(À France :)* M. Tonin l'appelle le vieux cul. *(Il rit.)*

FRANCE *(étonnée)* : Le vieux cul ?

L'homme foudroie Lucien du regard.

L'HOMME : Très drôle !
*(Il se tourne vers Horn.)*
*(Menaçant :)* Monsieur est votre invité ?

Lucien se lève très lentement, sort son revolver et le braque sur l'homme.

LUCIEN : Police allemande.

L'homme se tourne vers Horn, l'air stupéfait.

L'HOMME : Qu'est-ce que c'est que cette histoire ?

Horn le regarde gravement, avec un geste fataliste.

HORN : Eh oui, ce jeune homme est effectivement dans la police allemande.

Lucien tend le bras gauche en direction du propriétaire et claque du doigt.

LUCIEN : Papiers !...

L'homme a un moment d'hésitation, puis il tend ses papiers à Lucien, comme un somnambule.

Lucien les examine sous tous les angles en fronçant les sourcils, les renifle, puis les jette par terre. L'homme les ramasse.

LUCIEN : Dehors !

L'homme quitte la pièce, suivi par Horn. À la porte, il se retourne.

L'HOMME *(à mi-voix)* : Vous recevez des gens de la Gestapo ! Bravo !

# 23.

Beaucoup plus tard. Horn est toujours sur le canapé. Lucien tourne en rond dans la pièce. Il va dans le couloir, se retourne, désignant la porte du fond.

LUCIEN : C'est là qu'elle dort, votre fille ?

Horn, excédé, bâille.

HORN : Oui. C'est là...

LUCIEN *(fort)* : Alors, il faut parler doucement pour pas la réveiller.

HORN *(excédé)* : Oui.

Lucien revient vers la table et lui verse du champagne. Il s'en verse aussi et boit d'un seul trait. Il s'assied.

LUCIEN : Dites, Albert, elle est belle, votre fille.

Horn ne répond pas. Il paraît épuisé, prostré.

LUCIEN : Mais pourquoi vous vous engueulez, tous les deux ?

Horn hausse les épaules.

HORN : Nous nous entendons très bien, France et moi.

LUCIEN : Je voulais pas le dire devant elle… mais… j'ai descendu un type l'autre jour… *(Il fait semblant d'ajuster un revolver.)* Paf…

Horn ne réagit pas. Lucien se penche vers lui.

LUCIEN : Vous savez, Albert… Il faut pas toujours croire M. Jean-Bernard… C'est pas vrai ces histoires d'Espagne… *(Un temps.)* Il veut votre argent, Albert…

HORN : Vous croyez que je ne le sais pas ?

# 24.

Une combe étroite et profonde est fermée par une falaise abrupte. Un grand silence règne, une torpeur.

Brusquement, on entend une rafale de mitraillette, puis une autre, puis une série de rafales et de détonations, sur des registres différents.

Une vingtaine de miliciens montent à l'assaut de la falaise, à mi-hauteur de laquelle est située une grotte.

Des maquisards ont un F.M. en batterie devant la grotte.

Parmi les miliciens avancent Tonin, Aubert, Hippolyte et Lucien. Celui-ci voit un lapin déboucher à quelques mètres de lui. Il le tire avec sa mitraillette et le manque. Il entend une rafale de F.M., pas loin de lui, et un hurlement.

HIPPOLYTE *(hurlant)* : Le chef… le chef ! Ils ont blessé le chef !

Lucien se retourne. Tonin est à moitié couché. Il serre son épaule droite.

TONIN *(grimaçant)* : Nom de Dieu !… J'ai pas de chance…

Hippolyte le relève, aidé par Lucien, en le soulevant par l'aisselle gauche. Soutenant Tonin, ils descendent la pente. Ils retrouvent Aubert un peu plus bas.

AUBERT *(affolé)* : C'est pas trop douloureux, Pierrot ?

TONIN : J'espère que c'est pas le poumon…

AUBERT : T'en fais pas, Pierrot !

TONIN : Vous avez rien à boire ?

Aubert sort un flask de sa poche et le lui tend. Tonin boit une longue gorgée. Lucien suit derrière avec sa mitraillette.

AUBERT *(à Tonin)*: Je te l'avais dit! On aurait dû laisser faire les miliciens…

HIPPOLYTE: Courage, chef!

## 25.

C'est la nuit. Une traction s'arrête devant la maison où habite Horn. Lucien en sort avec une valise de petite taille dans une main, sa mitraillette dans l'autre.

LUCIEN *(d'une voix éméchée)*: Au revoir!

VOIX D'AUBERT: Bonne chance…

La traction repart. Lucien entre dans la maison.
Arrivé devant la porte de Horn, il sonne sans arrêt des coups très longs. La porte s'ouvre. Horn apparaît, en pyjama de soie.

HORN: Qu'est-ce que vous voulez?

Lucien pointe sa mitraillette vers l'abdomen de Horn, d'une seule main et fait: « Ta ta ta ta », imitant le bruit d'une rafale. Puis il entre dans la pièce, pose sa valise sur la table, se retourne vers Horn.

LUCIEN: Ils ont descendu mon chef.

HORN: Quoi?

LUCIEN *(menaçant)*: Vos amis ont blessé mon chef!

HORN: Quels amis?

LUCIEN : Les bolcheviques… *(Changeant brusquement d'idée :)* Est-ce que… je pourrais voir… France ?

Horn reste immobile sans répondre. Lucien se dirige vers la chambre du fond, entre. Il regarde France qui dort, un moment. Il a toujours sa mitraillette à la main. France ouvre les yeux et le regarde. Lucien revient vers la table, ouvre la valise. Celle-ci contient des billets de banque, de l'argenterie, des objets hétéroclites, une bouteille de cognac.

LUCIEN : Vous voyez, Albert… Prise de guerre…

Il prend une montre à gousset en or, par sa chaîne, la tend à bout de bras et la glisse dans la pochette du pyjama de Horn. Horn ne bronche pas. Lucien le regarde avec du vague et une sorte de tristesse dans les yeux.

LUCIEN *(murmuré)* : France…
HORN : Vous devriez aller vous coucher…

Il referme la valise et la tend à Lucien. Celui-ci met les doigts contre sa tempe, dans un salut militaire dérisoire.

LUCIEN *(en reculant)* : France… Vive la France, Albert… Vive la France !

Dans une rue déserte, Lucien marche pesamment, la valise dans une main, la mitraillette dans l'autre. Forte impression de solitude.

# 26.

C'est le soir. Lucien traverse le jardinet qui conduit chez les Horn. Il est habillé d'un nouveau complet, cette fois avec un pantalon normal. Il tient à la main un bouquet de fleurs.

La mère de Horn ouvre la porte d'entrée à Lucien. Celui-ci lui tend le bouquet de fleurs.

LUCIEN : C'est pour vous…

La mère de Horn ne réagit pas et Lucien reste embarrassé quelques secondes, avec son bouquet. Il entre dans la grande pièce. Il n'y a personne mais, à droite, par la porte entrebâillée, parvient la musique d'un piano.

Lucien se dirige vers la porte et pénètre dans l'autre pièce. France est en train de jouer du piano. Derrière elle, assis sur une chaise, Horn l'écoute, l'air recueilli, deux doigts appuyés sur sa tempe. Quand Lucien entre, il détourne légèrement la tête, mais reprend aussitôt son expression attentive. France continue de jouer. Lucien reste debout, à écouter, le bouquet de fleurs dans les mains. France joue la fin de l'adagio de la *Sonate au Clair de Lune* de Beethoven. Quand elle a fini, Horn se retourne vers Lucien…

HORN : C'est une musique triste, n'est-ce pas ?

Lucien ne sait que faire de son bouquet de fleurs.

LUCIEN : Oui.

HORN : Eh bien, il me semble que j'ai toujours marché au rythme de cette musique-là…

France lui met la main sur le bras.

FRANCE *(gentiment)*: Tu ne vas pas recommencer, papa…
*(À Lucien:)* Bonjour.

LUCIEN *(embarrassé)*: Bonjour…

Horn se lève pesamment.

HORN: France est une très bonne pianiste… Elle aurait dû faire le Conservatoire… *(Il soupire.)* Et puis…

FRANCE: Je t'en prie, papa!

Lucien, brusquement, tend son bouquet à Horn.

LUCIEN: Je… je vous ai apporté des fleurs.

Horn, étonné, prend les fleurs.

LUCIEN *(grave et emprunté)*: Monsieur Horn… Je viens chercher votre fille…

HORN *(les fleurs à la main)*: Quoi?

LUCIEN *(souriant)*: Jean-Bernard et Betty partent demain matin… C'est leur soirée d'adieu… Je voudrais emmener France…

HORN: Vous êtes fou?

LUCIEN *(menaçant)*: Pas tellement, monsieur Horn.

HORN: France est très fatiguée.

Lucien met la main sur l'épaule de France, sans quitter Horn des yeux.

LUCIEN : Si elle vient pas, c'est vous que j'emmène chez mes amis !

Un instant de silence. Lucien s'assied sur le clavier du piano. Cacophonie de notes.

LUCIEN : Et il y en a qui aiment pas beaucoup les Juifs, monsieur Horn !

France se lève, haussant les épaules.

FRANCE : J'y vais...

Horn lui prend le bras, faisant effort d'autorité.

HORN : Je t'interdis d'y aller !

France l'embrasse sur le front.

FRANCE : Voyons, papa...

LUCIEN : Et dépêchez-vous ! On va arriver en retard...

France quitte la pièce.

Horn et Lucien restent seuls. Horn tient toujours ses fleurs à la main. Il paraît effondré. Lucien s'assied de nouveau sur le clavier. Bruit cacophonique.

## 27.

Au bar de l'hôtel des Grottes, tard dans la soirée, tout le monde danse. Lucien est assis seul à une table. Betty, qui dansait, revient vers la table. Elle essaye d'entraîner Lucien par le bras.

BETTY : Venez danser, Lucien !

Lucien résiste.

LUCIEN : Je sais pas.
BETTY *(déçue)* : Il faut apprendre, Lucien !

Elle retourne sur la piste, en faisant tournoyer sa jupe. Elle danse toute seule.
Jean-Bernard revient s'asseoir avec France en s'épongeant le front. France tend sa coupe à champagne à Jean-Bernard qui la sert.

FRANCE : J'ai chaud.

Elle boit son champagne d'un trait.

LUCIEN *(sec)* : Il est tard... Il faut que je vous ramène.

France le regarde, avec un demi-sourire.

FRANCE : Vous êtes bizarre, Lucien...

Aubert, titubant, vient se pencher vers France.

AUBERT *(distingué)*: Vous avez l'air de vous ennuyer… M'accorderez-vous cette danse ?

France, après un regard à Lucien, se lève et le suit. Ils commencent à danser. France danse très bien.
Jean-Bernard et Lucien, côte à côte, les regardent.

JEAN-BERNARD *(rêveur)*: Elle est belle, cette fille…

Il se tourne vers Lucien.

JEAN-BERNARD: Tu feras mes adieux au père Horn… Pour l'Espagne… *(Il rit.)* Tu lui diras que c'est moi qui pars à sa place… *(Il soupire.)* Si tu savais comme ça m'ennuie…

Lucien ne l'écoute pas. Il regarde toujours France. Aubert, tout en dansant, parle à l'oreille de France, qui l'écoute en souriant.
À la table, Jean-Bernard et Lucien les regardent danser.

JEAN-BERNARD *(rêveur)*: Il y a des Juives qui sont tellement belles… Les autres femmes, à côté, ont l'air de juments… *(Se tournant vers Lucien:)* Mais oui, mon vieux, de juments… J'avais une fiancée juive dans le temps… Très bien faite et très riche…

Betty revient s'asseoir, épuisée.

BETTY: Qu'est-ce que tu lui racontes, Jean-By ?
JEAN-BERNARD *(las)*: Rien, chérie, rien.

Lucien regarde vers la piste de danse. Aubert, maintenant, serre France contre lui et lui met une main sur les fesses. Il cherche à l'embrasser. Lucien se lève, se dirige vers France, la prend par le bras et la tire violemment. Aubert le regarde. Un moment de tension : on peut craindre une bagarre et un silence se fait dans la salle. Mais Aubert, titubant, éclate de rire et donne une tape affectueuse à Lucien. Lucien, entraînant France, traverse le bar et se dirige vers la porte de l'entrée. Il la tient par le bras et marche vite. Elle trébuche et il est obligé de la rattraper.

FRANCE : Vous m'avez cassé mon soulier !

Elle s'assied sur la première marche de l'escalier, sa chaussure à la main. L'escalier et l'entrée sont dans la pénombre. Un auxiliaire, vautré sur une chaise, sa mitraillette entre les genoux, dort à moitié. France examine la chaussure, se masse la cheville, en regardant Lucien, avec un sourire rêveur.

FRANCE : On peut vous tutoyer, Lucien ?

Lucien ne répond pas.
Le chien danois de Betty vient renifler Lucien et France d'un air mélancolique. France le caresse.

LUCIEN (agacé) : Vous avez trop bu… Il faut que je vous ramène…

Il se dandine d'un pied sur l'autre, l'air excédé. Elle le regarde.

FRANCE : C'est dommage que tu ne saches pas danser… (Elle se lève.) Je vais t'apprendre.

Elle se débarrasse de sa deuxième chaussure et l'entraîne dans un pas de danse, sur la musique qui vient du bar. Lucien se laisse faire quelques instants, très raide.

FRANCE : Laisse-toi aller… Tu vois, c'est facile…

Lucien aperçoit Marie, qui surgit du bar et vient se planter devant eux. Il s'arrête de danser.

MARIE *(à mi-voix)* : Je m'en doutais… Tu m'as bien eue…

Lucien fait un pas vers elle.

MARIE *(sifflante)* : Salaud ! Espèce de salaud !

Elle veut lui donner une gifle, mais il la prend par le bras. Elle se dégage, violemment.

MARIE *(désignant France)* : Aubert m'a dit que c'est la fille d'un Juif !… Elle a pas le droit de venir ici…

Elle fait un pas vers France.

MARIE : Sale Juive !

France recule en regardant fixement Marie.

MARIE : Sale Juive !

Lucien prend Marie par le bras, pour la ramener au bar. Elle se retourne vers lui. Sa voix est de plus en plus stridente. L'auxiliaire s'est redressé et quelques personnes apparaissent à l'entrée du bar, dont Jean-Bernard.

MARIE: Alors, tu couches avec une Juive!... Et tu crois que ça va se passer comme ça! Je vais chercher les Boches... Tout de suite!

Jean-Bernard s'approche de Marie, avec un sourire. Il la prend par la taille.

JEAN-BERNARD: Calmez-vous, ma petite Marie... Ce n'est pas si grave...

Il l'entraîne vers le bar. Marie résiste et hurle, tournée vers Lucien.

MARIE: Sale Juive!... Elles ont toutes la vérole!... Tu entends?... Elle va te foutre la vérole!

Lucien, impassible, écoute la voix de Marie qui s'éloigne.

MARIE (off): Lâchez-moi!... Je veux lui parler, à cette salope... Elle a pas le droit de venir ici... Lâchez-moi, je vous dis...

Lucien se retourne, cherchant France des yeux. Elle a disparu. L'auxiliaire, toujours assis, lui désigne l'escalier avec sa mitraillette. Lucien monte l'escalier quatre à quatre.

# 28.

Arrivé sur le palier du premier, Lucien regarde dans le couloir. Celui-ci est vide, mais la porte de la salle de bains qui sert aux interrogatoires est entrouverte. Lucien entre dans la pièce et voit France, agenouillée contre la baignoire, la tête penchée par-dessus le rebord, comme si elle vomissait. Son corps est secoué de sanglots. On dirait qu'elle suffoque, sa respiration est haletante. Lucien s'assied sur le rebord de la baignoire, ne sachant que faire, puis il s'agenouille à côté d'elle. Elle le regarde. Son visage est inondé de larmes. Elle s'agrippe à lui, plonge la tête dans son épaule. Elle est agitée de soubresauts. Lucien, gêné, lui caresse les cheveux.

LUCIEN (*pour dire quelque chose*) : Je comprends pas… D'habitude, elle est très gentille, Marie…

France relève la tête et le regarde intensément.

FRANCE (*comme une enfant*) : Lucien… j'en ai marre… J'en ai marre d'être juive…

France a les bras autour du cou de Lucien. Elle se serre contre lui, convulsivement, comme une naufragée. Elle lui embrasse le cou, les joues, les lèvres, avec une sorte de fureur désespérée.

# 29.

Aube.

France, nue, dort en chien de fusil sur le canapé. Lucien, assis par terre, à côté d'elle, la regarde et lui caresse le dos et les fesses, doucement, comme on flatte un animal. Il entend, venant de l'extérieur, des bruits de portières et le rire de Betty. Il se lève, va regarder par la fenêtre.

Vus par Lucien : Jean-Bernard et Betty montent dans la Delahaye. Aubert, très soûl, un verre à la main, embrasse Betty par la portière. La Delahaye démarre. Betty agite son bras, Aubert tend son verre.

BETTY : On vous enverra des cartes postales !

Lucien revient vers France, qui s'est réveillée et s'est assise, les genoux repliés sur la poitrine. Il s'assied à côté d'elle, la prend par le cou et la fait basculer contre lui. Elle le regarde.

FRANCE : Lucien… *(Un temps.)* Lucien… Il faudrait que mon père passe en Espagne…

Elle se blottit contre lui, comme une petite fille.

# 30.

Dans l'après-midi, deux tractions noires roulent à grande vitesse sur une route nationale. Au volant de l'une d'elles, Aubert conduit, tendu et crispé. Assis à ses côtés, Lucien a sa mitraillette sur les genoux. Au détour d'un virage, ils tombent sur la Delahaye de Jean-Bernard, en travers sur le côté de la route, portières ouvertes. Ils descendent et découvrent successivement, allongés sur le bas-côté, espacés de quelques mètres, Jean-Bernard et Betty. Tous deux ont été abattus à la mitraillette.

Le danois, un peu plus loin, a été blessé au ventre et halète. Lucien et les gestapistes regardent, sans un mot.

# 31.

Chez les Horn, l'après-midi. On entend, par intermittence, venant de la pièce contiguë, des notes de piano, des morceaux de phrases musicales interrompues. Dans le couloir, la grand-mère s'occupe devant le réchaud de cuisine. Horn, assis devant la table, recoud les boutons d'un gilet. Il est en pyjama. Lucien s'approche de Horn. Il le regarde coudre.

> LUCIEN : C'est drôle que vous savez coudre, monsieur Horn…

Horn ne répond pas.

> LUCIEN *(sans arrière-pensée)* : D'habitude, c'est les femmes qui cousent, non ?… *(Un temps.)* Vous voulez pas me parler ?

Pas de réponse. Lucien se dirige vers la porte de la pièce où se trouve le piano. Il voit France de dos assise au piano, qui joue quelques notes, se retourne, le regarde, l'air absent et se remet à jouer. Lucien revient dans la pièce principale. Horn s'est levé et vient fermer la porte de communication, comme s'il voulait isoler France. Puis il enfile le gilet sur son pyjama et s'inspecte dans la glace.

Lucien rouvre la porte de communication, se tourne vers Horn.

> LUCIEN : Et qu'est-ce que vous diriez si je me mariais avec France ?

Horn s'immobilise. Il se tourne lentement vers Lucien et le regarde de haut en bas.

HORN *(pensif)*: C'est curieux, je n'arrive pas à vous détester tout à fait…

On frappe à la porte.

Horn va ouvrir. Le Martiniquais apparaît dans l'embrasure de la porte, suivi d'une femme endimanchée: la mère de Lucien.

HIPPOLYTE *(à Horn)*: C'est une visite pour M. Lacombe…

Horn ne semble pas comprendre.

HIPPOLYTE *(désignant Thérèse)*: C'est la maman de Lucien.

Ils entrent. Lucien s'est approché.

THÉRÈSE *(gênée)*: Lucien…
LUCIEN: Bonjour.

Horn les regarde, étonné.

HIPPOLYTE *(à Lucien)*: Ta mère est venue te demander à l'hôtel… Je l'ai amenée ici… J'ai cru bien faire…

Un silence. Lucien regarde sa mère.

HIPPOLYTE *(se tournant vers Thérèse et Horn)*: Au revoir, messieurs-dames.

Il part en refermant la porte.

THÉRÈSE *(gênée)* : Il est gentil, ce monsieur…

HORN *(faisant un geste de la main)* : Entrez…

Il la fait asseoir sur le canapé. Il s'assied en face d'elle sur une chaise. Lucien s'assied aussi, embarrassé. Le piano a repris dans la pièce contiguë. Horn se tourne vers sa mère qui se trouve au fond de la pièce et lui dit une longue phrase en allemand. Thérèse et Lucien échangent un regard.

HORN *(à Thérèse)* : Excusez-moi de vous recevoir comme ça, madame…
*(Il passe une main sur son gilet.)* Vous êtes venue de loin ?

THÉRÈSE *(timide)* : De Souleillac.

LUCIEN *(sec, à Horn)* : C'est notre village.

La vieille vient vers eux. Elle porte un plateau. Elle tend une tasse à Thérèse, puis à Horn.

HORN *(à sa mère, désignant Thérèse)* : Das ist die Mutter von Lucien…

La vieille a un curieux rictus et incline légèrement la tête.

THÉRÈSE *(impressionnée)* : Bonjour, madame.

La vieille retourne à la cuisine, sans un mot. Lucien allume nerveusement une cigarette. Thérèse paraît embarrassée de sa tasse de thé.

THÉRÈSE (*à Lucien*) : Je suis venue en ville avec Laborit… pour la foire…

LUCIEN : Ah bon…

THÉRÈSE (*très grave*) : Tu pourras plus retourner au village, maintenant.

Lucien hausse les épaules.

LUCIEN (*à sa mère*) : Tu as reçu les mandats ?

THÉRÈSE : Oui.

Elle se penche et ouvre son grand sac.

THÉRÈSE : Tiens, je t'ai apporté une poule…

LUCIEN (*il prend la poule*) : Merci…

THÉRÈSE : Tu manges bien ?…

LUCIEN (*gêné*) : Oui.

Il ne sait pas quoi faire de la poule. Il va la porter à Mme Horn, au fond.

Pendant tout ce temps, Horn les a regardés, silencieux et grave. Le piano s'est arrêté.

France entre dans la pièce. Elle marche vers le canapé. Horn se lève. Il désigne Thérèse.

HORN : C'est la maman de Lucien…

France lui tend la main et lui fait un signe de tête.

HORN (*à Thérèse*) : Ma fille…

Lucien fume sa cigarette. France s'assied à côté de lui.

THÉRÈSE *(à Horn, aimable)* : Elle est bien jolie, votre fille…

Horn ne répond pas. Une gêne.
Thérèse se lève.

THÉRÈSE *(à Lucien)* : Tu sais, j'étais venue te voir pour te remercier, pour les mandats… Mais je veux déranger personne…

HORN : Mais vous ne dérangez personne, madame.

Thérèse, ne sachant que faire, se rassied. Un silence.
Elle se tourne vers Horn.

THÉRÈSE *(à Horn)* : Vous êtes pas du pays ?

HORN : Non. Nous sommes… de Paris… Mais c'est devenu très difficile de vivre à Paris…

THÉRÈSE *(sourire)* : Il y a rien à manger là-bas ? *(Un temps.)* Vous êtes pas Français, vous…

HORN : Comme ci comme ça… Ma fille est une *vraie* Française…

THÉRÈSE *(presque rassurée)* : Ah bon… Elle est contente ici ?

HORN : Demandez-lui.

THÉRÈSE : Il faudrait que Lucien lui montre le pays… *(Spontanément :)* Seulement il peut plus retourner au village…

Il y a quelques secondes de gêne.

THÉRÈSE *(à Horn, très franchement)* : Ah, vous savez, Lucien, il me donne du souci…

HORN : À moi aussi, madame.

THÉRÈSE : Pourtant c'est pas un mauvais garçon… Vous êtes un ami de Lucien, vous pourriez peut-être le raisonner…

HORN : Je ne suis pas un ami de Lucien.

Pendant tout ce temps, Lucien et France restent silencieux comme deux enfants qui suivent une conversation de grandes personnes.

HORN *(après un temps)* : Ma fille aussi me donne des soucis… beaucoup de soucis…

THÉRÈSE : C'est vrai ?

Thérèse regarde fixement Horn. Elle reste silencieuse.

HORN *(triste)* : Je me demande ce que dirait ma femme si elle était là…

THÉRÈSE : Elle est où ?

Horn ne répond pas. Un silence.

HORN : Vous ne trouvez pas, madame, que nous étions mieux avant la guerre ?

## 32.

Lucien et sa mère sortent par la porte cochère de la maison des Horn. Ils font quelques pas, débouchent sur une petite place. Thérèse s'arrête.

THÉRÈSE : Bon…

LUCIEN : Je vais te conduire au car.

THÉRÈSE *(vivement)* : C'est pas la peine… C'est mieux que Laborit te voie pas…

Un temps. Thérèse hésite, puis :

THÉRÈSE : Tu sais ce que j'ai reçu, à cause de toi ?

Elle sort de sa poche un cercueil miniature et le lui tend. Lucien le prend et le tripote.

LUCIEN : C'est rien… Nous, on en reçoit tous les jours…

THÉRÈSE : Ils vont te tuer, Lucien… Laborit dit qu'ils vont te tuer… Pourquoi tu quittes pas le pays ?

Lucien hésite, comme s'il réfléchissait. Puis il hausse les épaules.

LUCIEN : Je suis bien, ici…

Un temps.

THÉRÈSE : Bon… Je vais manquer mon car…

Ils s'embrassent, gauchement. Elle a l'air pressée de s'en aller, d'un seul coup.

LUCIEN : Attends…

Il sort une liasse de billets de sa poche et la lui met dans la main. Elle regarde la liasse.

THÉRÈSE (*gênée*) : Merci.

Elle s'en va. La place est presque déserte. Lucien, immobile, la regarde s'éloigner. Elle se retourne, une fois, et lui fait un sourire.

# 33.

Le soir, Lucien, Horn et France sont assis autour de la table, dans la pièce principale, Lucien et France l'un à côté de l'autre, Horn en face. La mère de Horn sert un plat, puis elle va s'asseoir, comme à son habitude, au fond de la pièce, devant sa table de bridge. Lucien mange avec appétit. Horn, pensif, fume une cigarette. Il utilise un fume-cigarette. Il ne jette pas la cendre mais la dépose précautionneusement dans le cendrier.

FRANCE : Tu devrais manger, papa.

HORN (*sans élever la voix*) : On ne peut pas avoir de l'appétit quand sa fille est une putain…

Il se lève et va parler à sa mère, très sèchement, en allemand, comme s'il voulait passer sa colère sur elle. Elle lui répond avec la même violence. Lucien et France écoutent les éclats de voix de Horn et de sa mère.

Profitant d'un silence, Lucien élève la voix.

LUCIEN: C'est pas gentil ce que vous avez dit à France, monsieur Horn…

Horn marche sur lui et vient très près, comme s'il allait le frapper. Il le domine de toute sa taille. Lucien se recule dans sa chaise et le regarde avec un sourire.

LUCIEN: Moi je trouve ça très grossier, monsieur Horn, de traiter sa fille de putain… Vous mériteriez une bonne raclée…

HORN *(le toisant)*: Je ne vous ai pas attendu, monsieur, pour apprécier ma fille… D'abord nous nous ressemblons, elle et moi. Nous sommes des êtres très fragiles…

Il se rassied, comme épuisé. France lui prend la main et s'adresse à lui comme à un enfant.

FRANCE: Papa…

Horn, tête baissée, ne répond pas.
France éclate en sanglots, le front contre la table. Horn lui caresse les cheveux.

HORN: Pardonne-moi, ma chérie…

Lucien, gauchement, met une main autour de l'épaule de France. Elle se dégage.

FRANCE *(violente)*: Laisse-moi…

Lucien hausse les épaules, se lève et se dirige vers le couloir. Il traîne les pieds. Il s'arrête un instant devant la mère de Horn, assise à la table de bridge, et qui fait une réussite. Il entre dans la chambre du fond. La robe de chambre de Horn traîne sur le lit. Il se déshabille en sifflotant, met la robe de chambre, puis retourne dans le couloir. Il s'assied devant la table de bridge, face à la mère de Horn, avec l'air de s'ennuyer. Il essaye de capter le regard de la vieille, mais celle-ci ne lui prête pas la moindre attention. Elle continue de faire sa réussite. Lucien met ses mains à plat sur la table, y appuie son menton, observe par en dessous la vieille.

Pendant ce temps, au fond, Horn et sa fille poursuivent une conversation à mi-voix. On n'entend pas ce qu'ils disent, sauf à un moment où Horn, agacé, élève la voix :

> HORN : L'Espagne, l'Espagne ! Ça n'existe pas, l'Espagne…
>
> FRANCE *(autoritaire)* : Voyons, papa, sois raisonnable…

Lucien les rejoint, prend une pomme sur la table et l'astique en la frottant sur la robe de chambre.

> LUCIEN *(debout, à Horn)* : Ça va mieux ?
>
> HORN *(dérangé)* : Oui, oui…

Lucien, debout derrière France, lui a mis la main sur l'épaule. Il se penche vers Horn.

> LUCIEN *(sincère)* : Vous savez, monsieur Horn, je vous aime bien…
>
> HORN *(distrait)* : C'est vrai ?

France regarde Lucien, comme s'il les dérangeait. Elle ôte sa main de son épaule, se penche vers son père et lui parle à nouveau à voix basse.

FRANCE (*à voix très basse*) : Il ne faut pas parler comme ça, papa…

Lucien, ignoré, tape brusquement sur la table.

LUCIEN : Moi, je vais me coucher…

Il tapote l'épaule de Horn.

LUCIEN : Bonsoir, les amis…

Il s'en va, vers le couloir, laissant les autres en train de continuer leur conversation à voix basse.

# 34.

Le matin, à la cuisine, Lucien se verse du lait dans un grand bol, devant le réchaud. La vieille Horn est assise devant la table. Il s'approche, un sucre entre le pouce et l'index, comme entre deux pincettes, et fait tomber le sucre dans le bol de la grand-mère. Celle-ci ne réagit pas. Lucien passe dans la pièce principale, au moment où entre Horn, venant de l'extérieur. Horn enlève son chapeau. Il porte un complet impeccable et une cravate. Il est rasé. Ses cheveux sont coiffés. Lucien s'avance vers lui.

LUCIEN (*étonné*) : Vous êtes sorti ?
HORN : Oui… J'ai fait un petit tour en ville… Ça faisait longtemps que je n'avais pas mis le nez dehors… (*Avec une ironie glacée :*) Je reprends du poil de la bête…

Il s'assied sur le divan. Lucien le regarde.

> HORN : France m'a dit que vous pouviez nous faire
> passer en Espagne…
> LUCIEN *(étonné)* : Moi ?
> HORN : Oui.
> *(Un temps. Comme s'il n'y pensait plus.)* Voyez-vous,
> Lucien, je voudrais vous parler d'homme à homme…
> Nous n'avons jamais parlé ensemble…

Lucien s'est assis pour lacer ses souliers.

> LUCIEN : Parler de quoi ?
> HORN : De France.
> LUCIEN *(se levant)* : J'ai pas le temps, monsieur Horn…
> J'ai mon travail…

Il regarde sa montre.

# 35.

En fin de journée, deux tractions avant couvertes de
boue s'arrêtent devant le perron de l'hôtel des Grottes.
Lucien et Aubert sortent de l'une des voitures, avec deux
auxiliaires. Faure sort de l'autre. À l'arrière de celle-ci, se
trouve le cadavre défiguré d'un homme en civil, que les
auxiliaires sortent difficilement par la portière. Aubert et
Lucien regardent la scène un instant.

AUBERT : Ils l'ont bien eu…

*(À Lucien :)* Je suis crevé… Je vais prendre une douche…

Il monte l'escalier.

# 36.

Lucien, dans l'entrée, aperçoit, devant le bar, un homme, de dos, assis sur l'un des tabourets. Il porte un chapeau. Derrière le comptoir se trouve Hippolyte, le Martiniquais. Lucien entre dans le bar. Hippolyte lui fait un signe en souriant.

HIPPOLYTE : Hé, Lucien ! Y a ce monsieur, là, qui voudrait te parler…

L'homme se retourne, lentement, en direction de Lucien : c'est Horn.

LUCIEN *(stupéfait)* : Qu'est-ce que vous foutez là ?

HORN : Je vous attendais. Je bavardais avec votre ami… Il est très gentil, ce garçon.

Sur le comptoir, deux verres, celui de Horn et celui d'Hippolyte.

HIPPOLYTE *(avec un clin d'œil à Horn)* : Un autre porto-flip, monsieur ?

Lucien s'avance vers Horn.

LUCIEN : Vous êtes fou ?

HORN : Je suis venu vous parler tranquillement… Ça ne peut plus durer comme ça…

Lucien le prend par le revers de son manteau et le secoue.

LUCIEN : C'est plus fort que vous ! Vous pouvez pas vous empêcher de faire le con !

Hippolyte les regarde en écarquillant les yeux.

LUCIEN : Allez ! Venez ! Je vais vous ramener chez vous !…

Il le pousse vers l'entrée, où ils se trouvent nez à nez avec Faure, qui arrive de l'extérieur.

FAURE *(à Lucien, en désignant Horn)* : C'est qui, celui-là ?

LUCIEN *(sèchement)* : C'est un ami…

Horn ôte son chapeau, comme s'il se présentait dans un salon.

HORN : Albert Horn, monsieur.

FAURE *(cherchant dans ses souvenirs)* : Horn… *(Un temps.)* Mais… mais c'est le Juif !

Il se tourne vers Lucien.

FAURE : Alors, comme ça, tu ramènes des Juifs au bar de l'hôtel ?

HORN (*à Faure*): Excusez-le... Il est jeune, vous savez...

FAURE (*à Horn*): Vous, vous allez passer dans mon bureau!

## 37.

Ils passent dans le bureau. Faure s'assied à la place de Lucienne. Horn se tient très droit devant lui. Il a remis son chapeau. Lucien est légèrement en retrait.

FAURE (*avec une sorte de jubilation*): Faites-moi voir vos papiers!

Horn lui tend une carte d'identité.

FAURE (*doucereux*): C'est quoi ça...? Jean-François Rivière, né le 30 juillet 1892 à Paris, neuvième...
C'est de Voisins qui vous a refilé ça, hein?

HORN: Effectivement.

Faure déchire la carte d'identité en petits morceaux.

FAURE: Moi je veux voir une carte d'identité, avec la mention JUIF dessus.

HORN (*très calme*): Je n'ai qu'une carte de visite, monsieur.

Il sort de sa poche intérieure une carte de visite qu'il dépose précautionneusement sur le bureau. Faure prend la carte de visite et commence à taper sur la machine à écrire.

FAURE *(tapant)*: Nom: HORN... Prénom: Albert. Né à?

HORN: Szakestahervar...

FAURE: Comment?

HORN: Oh, vous n'avez qu'à mettre... Toulouse...

FAURE *(il tape)*: Domicile?

HORN: 52, rue Pierre-I<sup>er</sup> de Serbie... Paris, huitième.

Faure continue de taper.

FAURE: Nationalité?

HORN: Française.

FAURE *(souriant)*: On ne vous a jamais dit qu'un youpin ne pouvait pas être français?

HORN: Quelquefois.

Faure se recule sur sa chaise.

FAURE: Pour moi, un Juif c'est comme un rat, ni plus ni moins.

HORN *(inquiet)*: Vous croyez?

FAURE: Oui... *(geste)* Ça pullule... *(Avec un regard rêveur:)* Il y en a de plus en plus...

HORN: Je peux m'en aller...

FAURE: Reste là! J'appelle la Kommandantur! Tu t'expliqueras avec eux...

HORN *(étonné)*: Mais pourquoi me tutoyez-vous?

Faure a décroché le téléphone.

FAURE: Allô... Passez-moi le commandant Muller...
Allô...

Visiblement, à l'autre bout du fil, on ne parle pas français.
Faure essaie de dire sa phrase en allemand. Il a un accent
épouvantable.
Lucien se rapproche de Horn.

LUCIEN: Monsieur Horn...

Horn le regarde.

HORN: Nous n'avons pas eu le temps de parler de
France... Elle dormait quand je suis parti... *(Un temps.)*
Ce que je voulais vous dire, Lucien...

Il ne termine pas sa phrase.
Pendant ce temps, Faure a fini par avoir son interlocuteur.

FAURE *(spirituel)*: Allô... Figurez-vous, cher ami, que
j'ai un Juif dans mon bureau...

# 38.

Lucien se dirige vers la maison des Horn. Il est nerveux
et se retourne plusieurs fois: la rue est très peu animée et
il a l'impression qu'un homme le suit. Dans le silence de
midi, on entend un bulletin d'informations de la radio, et

des bribes de musique. Il s'arrête dans une porte cochère, attend, revolver sorti.

Un homme passe devant lui, hésitant, et son regard croise le sien. Lucien se précipite vers lui, tâte son veston à l'endroit des poches. L'homme semble ahuri. Lucien le regarde, un moment, puis il hausse les épaules et le pousse de la main en disant : « Circulez », comme un flic.

Dans l'escalier à vis, devant la porte de l'appartement des Horn, Lucien sonne, plusieurs fois. La vieille Mme Horn ouvre la porte, voit Lucien et referme aussitôt. Lucien tape contre la porte en criant, de plus en plus fort.

LUCIEN : Ouvrez-moi ! Ouvrez-moi, nom de Dieu !

Le battant est solide. Lucien, fou de rage, sort son pistolet et s'apprête à tirer dans la serrure quand la porte s'ouvre à nouveau, comme si la vieille dame avait pu voir son geste. Lucien, décontenancé, se trouve planté devant elle, son pistolet à la main.

LUCIEN : Vieille sorcière… Où est France ?

Mme Horn, sans répondre, lui tourne le dos. Lucien entre et, traversant le couloir, va directement à la porte du fond. France est assise sur son lit. Elle regarde Lucien entrer, sans un mot. Il s'assied sur le lit, à côté d'elle, mais elle se redresse, se lève, va à la fenêtre.

LUCIEN *(à mi-voix)* : Ils l'ont emmené… Je sais pas où… C'est de sa faute… J'ai rien pu faire…

FRANCE *(très violente)* : Tais-toi !

Lucien vient près d'elle. Elle se jette sur lui, le gifle et lui donne des coups de poing. Elle est hors d'elle. Il se fâche et se met à lui taper dessus, à coups de poing, pour de vrai. France se protège avec les mains.

Quelque temps plus tard, la grand-mère entrouvre la porte, silencieusement. Elle voit Lucien qui est en train d'enfiler sa chemise. France, presque nue, est allongée sur le lit, le visage vers le mur. Lucien, voyant la vieille dame, s'avance vers elle et lui ferme la porte au nez.

Il s'arrête une seconde devant France. Puis il sort de sous un meuble sa vieille valise en carton bouilli, ramasse ses chemises et ses chaussettes qu'il prend dans une commode. Il a du mal à fermer la valise.

Il passe dans le couloir, sans un regard pour France, va récupérer son rasoir, son blaireau, son savon, qu'il met dans sa poche.

Il se plante devant la grand-mère et lui met une liasse de billets dans la main. Il sort.

# 39.

Au bar de l'hôtel des Grottes, beaucoup moins de lumière que d'habitude. Tout autour du comptoir, c'est la pénombre. Le Martiniquais se trouve derrière le bar, Aubert et Lucien assis sur les tabourets. La lumière incertaine, la salle déserte donnent une impression de désolation crépusculaire. Aubert est à moitié ivre. Il a une voix traînante.

AUBERT : Sans ma chute de vélo, j'étais bon pour le Tour de France... Même un champion comme Bartali, il me faisait pas peur...

Hippolyte écoute attentivement, comme s'il recueillait des paroles presque inaudibles. Lucien a l'air de s'ennuyer.

>     AUBERT : Les Italiens, c'est des fortiches à vélo, mais moi, ils m'ont jamais fait peur...

À ce moment apparaissent dans l'entrée Faure et deux SS poussant devant eux un officier français en uniforme de l'armée d'armistice. L'homme, menottes aux poignets, joue la dignité et le mépris, avec beaucoup de morgue.

>     L'OFFICIER *(aux Allemands)* : Je vous répète que je suis un officier français. Je combats pour mon pays. J'exige d'être traité selon les lois de la guerre...
>     FAURE : Mais oui, c'est ça...

Et il le pousse vers l'escalier.

>     L'OFFICIER *(off)* : Vous, faites attention ! Vous aurez bientôt des comptes à rendre !
>     FAURE : Tu vas te taire ?
>     L'OFFICIER : Je suis un militaire comme vous. Traitez-moi en soldat !

Les deux Allemands le prennent sous les bras et lui font monter l'escalier. L'homme continue de protester.

Pendant ce temps, Aubert poursuit sa conversation avec Hippolyte, comme si rien ne s'était passé.

>     AUBERT : Tu veux que je te dise les types qui m'auraient foutu le trac ?... Les FLAMANDS !... *(Un temps.)* Tu n'as jamais vu courir Sylvère Maes, toi ?

Lucien écoute, distraitement.

> AUBERT : Tu vois, ma chute de vélo, eh bien je suis
> sûr qu'ils avaient trafiqué le guidon…
> HIPPOLYTE *(inquiet)* : Vous croyez vraiment ?
> AUBERT : Je gagnais tout cette année-là…
> HIPPOLYTE *(indigné)* : Ils étaient jaloux, monsieur
> Aubert…

Aubert redresse le buste. Il regarde Hippolyte avec un
sourire extatique.

> AUBERT : Tu peux pas savoir ce que c'est, le vélo…
> *(Un temps.)* Quand j'ai gagné le critérium, en 35, ma
> mère croyait que j'allais devenir célèbre.

Aubert pose son front contre ses bras croisés, comme
s'il pleurait.

> HIPPOLYTE *(doucement)* : Allez, monsieur Aubert !

Aubert ne bouge pas. Lucien le regarde, presque indif-
férent.
Hippolyte prend un disque sur une étagère, derrière le
comptoir.

> HIPPOLYTE *(à Lucien)* : C'est sa chanson préférée…

Il met le disque sur le phono, se retourne en direction de
Lucien, pose un doigt sur sa bouche. Aubert ne bouge pas.
Le phono joue *Fleur d'ennui* de Django Reinhardt. Lucien
reste immobile. L'ambiance et la musique donnent un sentiment de désolation et de mélancolie.

Venant du premier étage, on entend les cris de l'homme qu'on torture. Aubert lève la tête.

AUBERT *(à Hippolyte)* : Tu vois, j'ai trente-six ans… Eh bien, maintenant, si on me demandait de choisir entre les femmes et les vélos, je crois bien que je prendrais les vélos…

Hippolyte, pendant ce temps, remplit le verre d'Aubert, qui s'accoude mollement au zinc et boit une gorgée.

Plus tard dans la soirée. La lampe posée sur le bar est allumée. Le phono joue une autre chanson. Aubert est toujours à la même place, la tête dans ses mains. Lucien, au bar, boit. Il bâille bruyamment. Faure redescend l'escalier avec les deux Allemands et entre dans le bar.

FAURE *(à Lucien)* : Monte surveiller le type… Je suis dans le bureau avec ces messieurs…

Aubert lève la tête. Il regarde Faure avec des yeux pleins de lassitude.

AUBERT : Vous avez encore la force de travailler, vous ?

FAURE *(agressif)* : Plus que jamais !

Il rejoint les Allemands dans l'entrée et passe dans le bureau. Aubert appuie son menton contre la paume de sa main, avec une expression hébétée. Lucien termine son verre et se lève.

AUBERT : Courage, mon petit gars…

# 40.

Lucien monte l'escalier. Il suit le couloir et entre dans la salle de bains où se trouve le prisonnier. Cette salle de bains ne sert pas qu'aux interrogatoires : un peignoir est accroché au mur et il y a des serviettes près du lavabo. Au-dessus du lavabo, une étagère où se trouvent verres, brosses à dents, dentifrice, du sparadrap et des pansements, du mercurochrome, et aussi des produits de beauté, rouge à lèvres, crèmes, maquillages, etc., qui ont sans doute appartenu à Betty. Le prisonnier est assis dans le coin gauche de la salle de bains, près du lavabo. On lui a retiré ses vêtements. Il est habillé d'un peignoir à rayures de couleurs vives, genre peignoir de plage. Ses mains sont fixées par des menottes à un radiateur. On voit qu'il a déjà été passé à tabac. Il porte des traces de coups sur le visage. C'est un homme d'une quarantaine d'années aux traits énergiques, certainement un militaire de carrière.

Quand Lucien entre, il le regarde avec étonnement. Lucien s'assied, pose ses mains à plat sur la table, y appuie son menton et regarde le prisonnier. Cet échange de regards se prolonge quelques instants. Lucien prend une bouteille de cognac sur la table et boit au goulot.

Le prisonnier essaie d'établir un contact.

LE PRISONNIER : Quel âge as-tu ?

Lucien ne répond pas. Il se lève et tourne en rond dans la pièce.

LE PRISONNIER : Qu'est-ce que tu fais ici ?

Lucien se tourne vers lui.

LUCIEN : J'aime pas qu'on me tutoie...

Il vient au lavabo et, machinalement, tripote les verres à dents, le tube dentifrice, les objets de maquillage, tandis que le prisonnier s'efforce vainement d'attirer son attention.

LE PRISONNIER : Alors, tu travailles pour les Allemands ?... Toi, un jeune Français ?... Tu n'as pas honte ?...

Il n'obtient aucun résultat et s'énerve.

LE PRISONNIER : Ne fais pas le malin !... Tu sais qu'on va te fusiller ?

Lucien joue à ouvrir et refermer un poudrier *(la ferme-ture claque : c'est un bruit agaçant)*. Il regarde le prisonnier.
Celui-ci, encouragé par cette marque d'intérêt, devient aimable.

LE PRISONNIER : Tu n'as pas l'air d'un voyou !... *(Persuasif :)* Écoute, je vais te donner une chance : tu m'enlèves les menottes et tu pars avec moi... Compris ?

Lucien joue maintenant avec un tube de rouge à lèvres, qu'il fait sortir et rentrer de son étui. Puis il s'empare d'un rouleau de sparadrap.
Le prisonnier s'énerve encore.

LE PRISONNIER : Mais réponds-moi, nom d'un chien ! C'est ta dernière chance...

Lucien ne le laisse pas continuer: il a coupé un morceau de sparadrap et le colle en travers de la bouche du prisonnier.

LUCIEN: J'aime pas qu'on me tutoie…

Il regarde le prisonnier, prend sur la tablette du lavabo le tube de rouge à lèvres et, tenant le prisonnier par le menton, il dessine des lèvres sur le sparadrap.

Lucien, captivé, regarde le visage du prisonnier.

On entend à ce moment des rafales de mitraillette. Lucien sort son pistolet et se précipite à la fenêtre. Deux tractions dont on a enlevé les portières sont arrêtées devant le perron. Les deux gestapistes qui gardaient l'entrée ont été abattus. Des résistants, portant brassards et mitraillettes, entrent dans la maison en courant.

Lucien se précipite dans l'escalier. Il s'arrête à mi-hauteur. Au rez-de-chaussée, quelques résistants progressent en tirant vers le bureau où se trouvent Faure et les Allemands. Lucien remonte en vitesse et se cache dans une chambre dont la porte fait face à celle de la salle de bains, restée ouverte.

Lucien ne bouge pas. Il entend les tractions s'éloigner. Il dévale l'escalier.

Dans le bar, toutes les vitres sont brisées, le sol est couvert d'éclats de verre. Derrière le comptoir, la plupart des bouteilles d'alcool sont cassées, les glaces fracassées. Un grand silence. Aubert a la tête appuyée sur ses bras croisés, comme tout à l'heure. Son dos est criblé de balles. Hippolyte a été abattu derrière le zinc et sa tête dépasse vers la gauche. Lucien reste un long moment hébété. Il entend une voix appeler.

LA VOIX: Allô… Alllô… La Kommandantur… Allô… Allô… Oui. Allô… Allô… Passez-moi la Kommandantur…

Lucien entre dans le bureau. Un Allemand est mort. Faure, blessé, est appuyé contre le bureau. Il serre fébrilement le combiné du téléphone.

# 41.

Lucien, mitraillette à la main, descend d'une voiture militaire allemande et entre dans la maison des Horn derrière un sous-officier SS.

Un groupe de civils descend la rue, encadré d'Allemands. Le SS frappe à la porte des Horn. France ouvre.

L'ALLEMAND *(lisant un papier)* : Mademoiselle France Horn ?

FRANCE : Oui.

La grand-mère s'est approchée.

L'ALLEMAND *(lisant)* : Madame… Bella Horn ?

La vieille dame ne répond pas.
L'Allemand entre dans la pièce. Son français est excellent.
Lucien reste dans l'escalier.

L'ALLEMAND *(technique)* : Vous pouvez prendre une petite valise ou un *rucksack*… Seulement des effets personnels… Pas de produits alimentaires, pas de livres, pas d'argent… Dépêchez-vous…

FRANCE : Mais…

L'ALLEMAND *(aimable)* : Dépêchez-vous… Vous n'êtes
pas les seules à partir. J'ai encore beaucoup de monde
sur ma liste… Il y a eu un grave attentat, vous com-
prenez ?

Pendant ce discours, Lucien entre dans la pièce, sa
mitraillette à la main, mal à l'aise. France le voit et lui jette
un regard froid.

Plus tard. Le sous-officier est assis et fume. France aide
sa grand-mère à remplir un petit sac. La vieille dame y place
sa boîte de tisane, une casserole et son jeu de cartes.
France tient à la main une mallette en cuir. Lucien marche
de long en large. Il passe devant une petite table et s'arrête.
Il voit la montre à gousset en or qu'il avait offerte à Horn.
Il la prend, la regarde et la met dans sa poche. L'Allemand
l'a vu. Il se lève.

L'ALLEMAND : Monsieur Lacombe, vous travaillez
pour la police allemande… Il n'y a pas de voleurs dans
la police allemande… Remettez-moi cet objet.

Lucien sort la montre de sa poche et la lui remet, de
mauvais gré. L'Allemand sourit d'une manière agaçante.


# 42.


L'Allemand descend l'escalier, suivi de France qui soutient
sa grand-mère. Celle-ci descend difficilement. Lucien ferme
la marche. La grand-mère trébuche. France la soutient.

Lucien, brusquement, sans que rien n'ait pu annoncer
son geste, braque sa mitraillette sur l'Allemand et tire. Dès

lors, tout se passe très vite. Lucien récupère la montre dans la poche de l'Allemand. Son regard croise celui de France. Il remonte, la prend par le bras et veut l'entraîner, mais elle se dégage.

FRANCE *(montrant sa grand-mère)* : Je reste avec elle.

Lucien hésite, puis il vient prendre Mme Horn sous les bras et lui fait descendre l'escalier en la portant, sans la ménager.

## 43.

On retrouve Lucien, France et sa grand-mère, dans une traction avant. Lucien engage la voiture dans une rue étroite et déserte, qui débouche sur la campagne. Il roule vite. France le regarde.

FRANCE : Où va-t-on ?
LUCIEN : Je sais pas… en Espagne.

## 44.

La voiture est arrêtée au bord d'une petite route de campagne. Lucien est penché sur le moteur, qui fume. Il hoche la tête.

## 45.

Lucien, France et la grand-mère marchent à travers bois. La grand-mère avance difficilement, soutenue par France. Lucien marche devant, portant sa mitraillette et les bagages. Il se retourne plusieurs fois, avec impatience. La vieille dame, épuisée, s'assied dans l'herbe. Lucien revient sur ses pas et, avec l'aide de France, soulève Mme Horn. Ils arrivent en vue d'une maison en ruine, au sommet d'un monticule. L'endroit paraît complètement abandonné.

Lucien, suivi de France et de la grand-mère, pénètre dans la maison. Dans la pièce principale, complètement délabrée, il y a une table bancale, quelques chaises en osier et une cheminée. Au mur, un vieux calendrier de 1933.

La grand-mère s'assied sur une chaise. Elle semble épuisée. Elle reste immobile, comme prostrée. Elle a posé son sac sur la table devant elle. France s'assied elle aussi, le regard absent. Elle regarde sa grand-mère qui vérifie le contenu de son sac.

Lucien sort de la maison. Il marche aux alentours, comme pour repérer les lieux. Il regarde le paysage écrasé de soleil, l'horizon, le ciel, la façade à moitié en ruine de la maison. Puis il s'approche d'une grange où il repère une réserve de bois. Il prend quelques bûches sous les bras.

Lucien rentre dans la maison, rejoint les deux femmes dans la chambre, pose le bois par terre à proximité de la cheminée. La grand-mère dit quelque chose en allemand. Elle est toujours assise devant la table et compte ses cartes. Lucien regarde France.

LUCIEN : Qu'est-ce qu'elle dit ?

FRANCE : Il lui manque une carte…

À partir de là, il n'y aura plus de suite chronologique, mais des moments, très longs, comme si l'on épiait patiemment les faits et gestes de ces trois personnages. Ils ne parleront pas, ou très peu. Dans cette campagne écrasée de soleil, sans aucune présence humaine, on aura l'impression d'être hors du temps, de l'Histoire (plus aucune allusion à la guerre), dans une sorte d'éternité où les activités les plus essentielles de la vie se répètent de manière monotone. Ce final, serein, mélancolique, sera comme un point d'orgue, une note prolongée.

## 46.

Lucien, seul, dans la nature. C'est le matin. Il pose un collet. Puis il marche et vient se coucher à un poste d'observation. Il a une sorte de vieux sac, où il met le gibier. Il attend. Il regarde dans son sac, sort un lapin mort, observe la nature autour de lui.

Lucien marche vers la maison avec son vieux sac.

Il entre. La grand-mère est assise à la table et fait une réussite. France ranime le feu pour préparer la cuisine. Une vieille marmite est posée à proximité de la cheminée. Lucien vide brutalement son sac: trois ou quatre lapins morts tombent sur la table. France, qui s'est retournée, le regarde, horrifiée. La grand-mère cesse de faire sa réussite et regarde elle aussi les lapins, avec de grands yeux fixes.

Un déjeuner. France et la grand-mère sont assises l'une à côté de l'autre. Lucien en face d'elles. Ils mangent avec les mains. À l'aide d'un canif, Lucien découpe le gibier, prend les morceaux et les tend à France et à la grand-mère. Ils n'ont pas d'assiettes et mangent à même la table. Au milieu de celle-ci, une sorte de récipient où se trouve l'eau. Ils le prennent tour à tour et boivent.

## 47.

Lucien et France dans la nature. Il inspecte les collets qu'il a posés. Ils marchent côte à côte. À un moment, Lucien tire avec une fronde et abat un oiseau. Il prend le petit cadavre dans ses mains et s'approche de France comme s'il voulait le glisser dans son corsage. Elle pousse un cri et court. Lucien la rattrape. Ils se regardent. Elle s'assied au pied d'un arbre et regarde toujours Lucien. Elle est essouf-flée. Elle s'allonge de tout son long au pied de l'arbre. Elle met ses deux mains derrière la tête. Lucien est debout à deux ou trois mètres. Elle regarde Lucien, les yeux légère-ment plissés à cause du soleil. Il vient à côté d'elle. Elle tend le bras et le touche timidement.

## 48.

France et Lucien retournent à la maison. La vieille est debout, devant l'entrée. On la voit de loin. Elle les guette.

**49.**

Lucien dans la nature, un après-midi de plein soleil. Il se cache sur la branche d'un arbre, et observe France à une trentaine de mètres.

FRANCE : Lucien !

France s'arrête et regarde autour d'elle.

FRANCE : Lucien ! Lucien !

Elle a l'air de plus en plus affolée. De temps en temps, elle s'arrête de marcher, découragée. Puis reprend sa marche, en appelant Lucien. Celui-ci l'observe avec une sorte d'indifférence, sans bouger de l'arbre.

**50.**

Veillée dans la grande pièce, devant le feu. La grand-mère fait sa réussite. France, assise à la table, lit le recueil de poèmes de Horn. Lucien, assis près de la cheminée, inventorie la petite mallette de Horn. Il en sort une liasse de billets de banque, puis une photo. Il regarde la photo : elle est dédicacée. Il se lève, tend la photo à France.

LUCIEN : C'est qui ?

FRANCE *(jetant un œil sur la photo)* : Sacha Guitry.

France a repris sa lecture. Lucien se rassied à sa place. Il sort du sac d'autres liasses de billets de banque. Il s'amuse à étaler les billets, les uns à côté des autres, par terre. France se lève.

FRANCE : Bonsoir.

LA VIEILLE *(sans lever les yeux de ses cartes)* : Gute Nacht.

France quitte la pièce.

Lucien reste un moment près du feu. Puis il se lève et monte l'escalier à son tour. La vieille le suit des yeux. France l'attend au sommet de l'escalier, en souriant. Elle disparaît brusquement dans le grenier.

Une poursuite étrange commence dans l'obscurité, une sorte de partie de cache-cache où ils rampent et marchent à tâtons. Ils sont pris d'une crise de fou rire. En bas, la vieille les entend et lève la tête.

## 51.

Avant l'aube, Lucien rôde autour d'une ferme. Il se rapproche du bâtiment, y entre. Il tient à la main son vieux sac.

La pièce est dans une demi-pénombre. Des jambons pendent au mur. Il remplit son sac, rapidement. Il quitte la ferme en courant. Un chien aboie.

## 52.

Lucien dort. France, une grosse pierre à la main, s'avance sur la pointe des pieds. Elle reste immobile devant lui. On a l'impression qu'elle va laisser tomber la pierre sur son visage, mais elle la garde dans la main en suspens.

## 53.

France lit, allongée dans l'herbe. Assise devant la table, la grand-mère fait sa réussite. À côté d'elle, Lucien, à l'écart, nettoie sa mitraillette, dont il pose au fur et à mesure les pièces détachées sur la table.

## 54.

France et Lucien courent dans la nature. Ils sont essouf-flés. Ils rient.

## 55.

France, nue, se lave dans une rivière. Il fait un soleil éclatant. Lucien, couché sur le dos, un peu plus loin, la regarde en mâchant un brin d'herbe, puis il ferme les yeux. France le regarde à son tour, fixement, en tendant le cou.

Un carton apparaît en surimpression du visage de Lucien. «Lucien Lacombe fut arrêté le 12 octobre 1944. Jugé par un tribunal militaire de la Résistance, il fut condamné à mort et exécuté. »

# De la photographie

## au texte

Olivier Tomasini

# De la photographie
## au texte

*Jardins du Luxembourg*
d'André Zucca

*… des images s'appliquent à montrer un Paris occupé
certes, mais quelque peu idyllique…*

Plus de soixante ans après la Seconde Guerre mondiale, l'occupation allemande en France demeure un sujet délicat. Thème où la controverse le dispute à la passion, où le jugement précède la condamnation. La remise en question de l'histoire « officielle », posée dès l'après-guerre, d'une France unie face à l'occupant nazi est toujours d'actualité. Présentée jusqu'au 1er juillet 2008 à la salle d'exposition de la Bibliothèque historique de la Ville de Paris, l'exposition intitulée d'abord « Les Parisiens sous l'Occupation » puis rebaptisée « Des Parisiens sous l'Occupation » a provoqué malaises et polémiques. Certains s'agaçaient qu'on occulte qu'il y avait eu aussi des Parisiens déportés ou résistants, puisqu'ils n'apparaissent pas sur les photos souriantes des badauds. Il ne s'agit pas du premier ajustement concernant l'embarrassante exposition : après avoir suspendu la campagne d'affichage, démonté la bâche accrochée à la devanture de la Bibliothèque historique de la Ville de Paris, remonté un simple panneau indiquant la tenue de la manifestation mais sans le titre, placardé un avertissement et distribué des notes explicatives (en français, en anglais et en espagnol), la Ville de Paris a multiplié les efforts pour éteindre la controverse.

L'intérêt et la qualité technique des images exposées ne sont pas en cause, mais leur contexte historique et leur présentation. Sans être au départ accompagnées de véritables commentaires, elles s'appliquent à montrer un Paris occupé certes, mais quelque peu idyllique : des enfants font voguer leurs bateaux sur le bassin du Luxembourg, les musiciens de la Wehrmacht régalent les Parisiens de concerts en plein air, les élégantes font du vélo. Est-ce par hasard si, dans le cadrage, des affiches en couleurs enjoignent d'aller voir l'Exposition antibolchevique ou de rejoindre la Légion des volontaires français engagée contre l'Armée rouge ? Sont-elles fortuites, ces photographies d'une femme en noir portant l'étoile jaune et, rue des Rosiers, d'un vieil homme au manteau duquel on aperçoit une tache jaune ? Témoignent-elles d'une ségrégation devenue banalité quotidienne ? Ce que l'on sait pourtant à cette époque, c'est que les rafles, les commerces juifs aux vitrines barrées d'inscriptions antisémites, les files d'attente devant les magasins d'alimentation, les V tracés à la peinture blanche sur les murs en signe de résistance après la défaite des nazis à Stalingrad ont bien existé. Cette réalité, André Zucca (1897-1973) a décidé comme photographe de la taire en ne la donnant pas à voir.

*… André Zucca est arrêté en octobre 1944 pour atteinte à la sûreté extérieure de l'État…*

Né à Paris en 1897, Zucca est le fils unique d'une couturière piémontaise, Erminia Zucca, et d'un père brodeur qui ne l'a pas reconnu. Entre quatorze et dix-sept ans, il vit à New York en compagnie de sa mère. Il commence sa carrière de photographe dans les années 1920 au journal de théâtre et de cinéma *Comœdia*. Il épouse en 1933 la jeune comédienne Irène Dié (1909-1963). Le couple vit à Montmartre, au Bateau-Lavoir, puis rue Saint-Vincent. Épris d'aventure, Zucca réalise son premier grand reportage en 1935-1936 à travers l'Italie, la Yougoslavie et la Grèce. En 1937, il part six mois sur le vieux cargo *Min* de la Compagnie des messageries maritimes, pour un voyage du Havre au Japon, *via* le canal de Suez. Il revient *via* la Chine, l'Inde, puis se rend au Sahara marocain. Il vend ses clichés à différents journaux comme *Paris-Soir, Match, Life, Picture Post*. En 1941, il est engagé par les Allemands pour travailler au « service exclusif » du bimensuel allemand *Signal*, édité d'avril 1940 à mars 1945 par Deutscher Verlag, dédié à l'apologie de la Wehrmacht, publié en vingt langues, dont le français. En 1942 et 1943, le tirage de ce magazine de propagande nazie, non diffusé en Allemagne, atteint 2,5 millions d'exemplaires, dont 800 000 pour la France. Zucca publie des dizaines de reportages en noir et blanc dans *Signal*, traitant de sujets satisfaisant son employeur, comme les bombardements aériens anglais et américains sur la France. En échange il reçoit : rémunération, carte professionnelle, rouleaux de pellicule en noir et blanc et couleurs pour son Rolleiflex et son Leica. Après la Libération, il est arrêté en octobre 1944 pour atteinte à la sûreté extérieure de l'État. Il est relâché sur intervention du colonel Antoine Moyen, adjoint du général de Lattre de Tassigny. André Zucca quitte alors Paris en mai 1945 pour vivre à Garnay, près de Dreux. Les éléments à charge étant jugés insuffisants, les poursuites sont abandonnées en octobre 1945. Sous le pseudonyme de « Piernic », il ouvre une boutique de photographie à Dreux en 1952. Après la faillite de son commerce en 1965, il retourne à Paris, à Montmartre, où il meurt en 1973.

*… Zucca charge son Leica et son Rolleiflex de précieuses pellicules Agfacolor 36 poses, de marque allemande…*

Propagande, la série photographique de Zucca ? L'historien Jean-Pierre Azéma rappelle, dans un texte affiché dans l'exposition dès les premiers jours, que le 23 juillet 1940 Joseph Goebbels est venu à Paris « faire son tour d'inspecteur quasi-propriétaire » et a donné l'ordre aux fonctionnaires de la Propaganda Staffel de tout faire pour rendre à la ville animation et gaieté. Si rien n'indique qu'il y soit parvenu, tout rappelle qu'une certaine frénésie urbaine a continué entre 1940 et 1944. Vidée de ses voitures, Paris laisse ses vastes espaces aux cyclistes et aux piétons. Chaque dimanche, les bourgeoises descendent les marches de la Madeleine, côtoyant des officiers de la Wehrmacht. Aux Halles, le ravitaillement est irrégulier : montagnes d'oignons ou de rutabagas. Vêtements élimés, mais les Parisiens conservent leur élégance. Les oriflammes nazies ornent la rue de Rivoli. Des portraits de Pétain trônent dans les vitrines des chausseurs. Dans le Marais, on croise des hommes et des femmes qui portent l'étoile jaune…

Pour cette série en couleurs, Zucca charge son Leica et son Rolleiflex de précieuses pellicules Agfacolor 36 poses, de marque allemande, qui ne peuvent être obtenues à l'époque qu'auprès des nazis. La préférence par Zucca de la couleur et des beaux jours ensoleillés est-elle simplement guidée par la technique ? Lentes, ces pellicules exigent une forte lumière. À moins que ce travail ne participe volontairement, par sa technique, la force de la couleur et son empathie de surface, à la transformation de la réalité, imposant une représentation proche de celle préconisée par Vichy… N'aboutit-on pas dans ce cas à une forme d'authenticité mise en scène, comme le dénonce l'artiste contemporain David Levinthal avec ses photographies : *Hitler Moves East* (1977) et *Mein Kampf,* dans lesquelles des figurines en plastique sont photographiées avec une ouverture de diaphragme extrême, si bien qu'elles deviennent, grâce au flou intentionnel, des images proches de la réalité historique ? Les images de Zucca fixent l'événement représenté avec une telle prégnance qu'elles paraissent coïncider avec lui. Elles figurent la trace d'une fiction vraisemblable.

*… les photographies qui représentent des témoins ou des victimes sont réalisées par leurs bourreaux…*

Produit de processus mécaniques et chimiques, les photographies semblent dotées d'une vérité qui est renforcée par leur caractère statique, plus facilement accessible à l'analyse. En particulier, les épreuves en noir et blanc entraînent avec elles l'espoir d'un rendu authentique. Lorsqu'on découvre en 1994 une photographie montrant ceux qui restaient à quai suivre des yeux le *Donau,* à bord duquel 532 Juifs norvégiens d'Oslo étaient acheminés vers Auschwitz, ce cliché prend le caractère d'une icône. Le rendu en noir et blanc de l'atmosphère lugubre semble capter la vérité historique de manière inégalée. Or, pour les national-socialistes, l'effacement de la mémoire collective de l'extermination des Juifs faisait partie de la Solution finale. Ils étaient persuadés de pouvoir y parvenir parce que leurs exactions allaient au-delà de ce que l'imagination humaine pouvait se représenter. Aussi, conscients qu'ils étaient de la dangerosité de l'image en tant que mémoire et révélateur de vérité, l'interdiction de photographier était-elle de rigueur dans les camps de concentration. Mais le « narcissisme bureaucratique » y contrevenait, documentant en photographies tous les « événements » avant de les sceller comme secrets d'État.

Dans *La Liste de Schindler* de Spielberg, l'image de la petite fille, qui apparaît en rouge au milieu d'une séquence d'images en noir et blanc quasi documentaire, s'inspire d'une photographie prise par Stroop, général de brigade SS et chef de la police. Ce document, qui montre un garçon chassé du bunker dans le ghetto de Varsovie, provient du « rapport illustré » relatant jour après jour l'écrasement de l'insurrection des habitants du ghetto. Devenu une icône de la compassion jusque dans les manuels scolaires de différents pays, il témoigne également de ce que la presque totalité des photographies qui représentent des témoins ou des victimes sont réalisées par leurs bourreaux.

D'autre part, l'insertion de la couleur « en fondu », tel un point rouge, de la fillette du film révèle de manière soudaine le caractère fictionnel du film. Pourtant la vérité du récit, loin d'en être diminuée, s'en trouve renforcée de façon troublante. Pourquoi, alors même que la couleur devrait nous éloigner de l'authenticité, nous en rapproche-t-elle ? Il est vrai que les pellicules en noir et blanc durant les années 1940 sont les plus utilisées, tandis que la couleur est plus confidentielle. Le noir et blanc est donc synonyme d'authenticité car il est lié à une pratique historique. Mais les photographies d'époque en couleurs nous bouleversent d'autant plus qu'elles se démarquent de l'archive. Elles ne sont pas plus authentiques mais tout simplement plus réelles, plus vraies. Elles sortent de l'histoire pour toucher de plein fouet notre sensibilité contemporaine tout en conservant un caractère sur-réel, presque théâtral. Par conséquent, toute photographie, de surcroît en couleurs, du temps de la Seconde Guerre mondiale et de l'Occupation devrait forcément faire l'objet d'une interprétation et d'une analyse encore plus consciencieuses.

*… la couleur rouge est le fil conducteur…*

La sur-réalité de la couleur, le contexte historique complexe, le passé professionnel trouble du photographe sont à l'œuvre dans les deux cents photographies en couleurs prises par Zucca dans les rues, les jardins et les gares de Paris occupé. L'ensemble de ces facteurs, loin d'être négligeable, a contribué à la polémique. Cette ambiguïté, comme l'embarras qu'elle a suscité, trouve son paroxysme dans l'image choisie pour la couverture de ce livre, extraite de la série présentée dans l'exposition.

Un couple visiblement amoureux, assis en plein air à une terrasse de café ou de jardin, rit de bon cœur. L'homme, pipe à la bouche, vêtu de façon estivale d'une chemise à carreaux à manches courtes, enlace sa compagne d'un geste complice et protecteur. La femme, en décontracté bon chic bon genre, porte une jupe écossaise, un foulard, des perles aux oreilles et des souliers plats. Elle se tourne vers l'homme et s'esclaffe, les yeux dans les yeux avec lui.

Cette image aurait pu paraître anodine, un peu

conventionnelle, voire artificielle, décalée aussi par tant de bonheur déclaré à la face du monde en ces temps difficiles, mais sans plus… Or la couleur rouge est le fil conducteur : la chemise de l'homme, le foulard et la jupe de la femme, le dos et le titre de la revue à ses pieds. Il suffit également que notre regard s'attarde aux sourires, puis continue en suivant les mouvements des bras, glisse le long du galbe de la jambe pour découvrir le magazine subtilement laissé dans le cadre de l'image. La couleur, les formes nous y conduisent. Ce magazine n'est autre que *Signal*, la revue nazie à laquelle collabore Zucca. C'est le « signal » attendu ? Entendu ?

À ce moment, la photographie se fige, les sourires des protagonistes se transforment en masques grimaçants, la photographie devient une parodie sinistre et révoltante, un simulacre de sentiment. Du même coup, la série photographique dont cette image est extraite devient d'autant plus suspecte. Ce clin d'œil malheureux est-il volontaire ? On peut toujours se poser la question. Mais cela ne fait-il pas trop ?

*… une brutalité descriptive…*

Contrairement à cette photographie artificielle réalisée par Zucca, il y a dans *Lacombe Lucien* une authenticité dans les sentiments, dans les rapports de force entre les personnages qui fait que le lecteur se laisse finalement entraîner malgré lui dans une histoire à la fois déroutante et consternante. Il est amené à considérer la logique obscure du comportement de Lucien Lacombe propre à chaque individu. Le scénario ainsi que le film se caractérisent par ce qu'on pourrait appeler une brutalité descriptive : entre documentaire et fiction. En retirant au lecteur la confortable distance qu'il pourrait entretenir avec l'histoire, ils créent une impression de grand réalisme. Ce sentiment est renforcé par la façon dont le scénario intègre la contradiction et le mystère. En refusant les explications univoques et en entretenant l'ambiguïté des personnages, il restitue une vérité profonde. Les hiatus rendent paradoxalement les personnages peut-être plus crédibles encore : « Lorsqu'à la fin, explique Louis Malle, Lucien vient arrêter France et la grand-mère avec un sergent allemand, celui-ci vole la montre du père. Lucien brusquement l'abat, et s'enfuit avec les deux femmes. Ce retournement est absurde, si l'on veut, mais je le crois profondément vrai. » Ce passage, qui précipite l'histoire dans sa dernière partie, est représentatif de la démarche générale. L'ambiguïté foncière des personnages et de leurs relations met en évidence le comportement brutal et instinctif de Lucien, qui est confronté à des situations complexes. D'étranges liens unissent Lucien, M. Horn et France. Les sentiments de France à l'égard de Lucien paraissent ambigus : volonté de l'utiliser pour s'enfuir avec son père ? Désir de s'opposer à l'autorité paternelle ? Déni de sa judaïté ? Vis-à-vis de M. Horn, Lucien semble à la fois se confronter à la figure d'un père, rechercher l'assentiment d'un beau-père, et jouir du pouvoir qu'il peut exercer impunément sur lui. Leurs rapports de force prennent souvent une forme étonnamment tacite que révèlent certaines scènes du film : l'intrusion presque « forcée » de Lucien, qui passe la porte des Horn comme s'il était chez lui ; ou encore l'insistance avec laquelle M. Horn ferme à chaque fois la porte de la pièce où se trouve France, pour la cacher à la vue de Lucien.

Lucien semble ne jamais réfléchir aux conséquences

de ses actes. Il demeure rivé à une sorte d'immédiateté instinctive et presque animale. Il réagit brusquement, davantage en réaction que par conscience morale. Pour lui, il semble n'y avoir aucune différence entre tuer un homme et tuer un animal. Il fait son « boulot », comme il dit, sans jamais s'interroger davantage. L'idée d'être un traître et même un « salaud » ne semble jamais l'effleurer ; comme si le plaisir d'un petit pouvoir suffisait pour lui ôter toute conscience. Il refuse tout rachat, s'obstine dans le sadisme malgré la proposition du résistant ; ou encore, lors de l'arrestation de France, il semble d'abord accepter la situation et ne change d'attitude qu'après l'épisode de la montre.

L'engagement politique de Lucien, tout comme celui du photographe Zucca, relève d'une forme de banalité du mal, c'est-à-dire une compréhension du mal qui ne renvoie pas à une volonté démoniaque, mais à l'absence de pensée chez l'être humain. Il ne s'agit probablement pas d'une adhésion consciente à une idéologie, mais d'un assentiment progressif et non réfléchi. Autrement dit, l'apparence de normalité, conjuguée à la bienveillance des autorités compétentes à leur égard, semble suffire à dissiper en eux tout scrupule… Le 25 avril 2008, dans un article paru dans *Le Monde* et intitulé « Comment a échoué une exposition critique de photos de Paris occupé », Michel Guerrin révèle qu'« une exposition d'une tout autre ambition conçue au début des années 2000 au sein même de la BHVP, fruit d'un long travail sur les archives et qui visait à montrer toutes les facettes du personnage, a été préparée avant d'être abandonnée ». Liza Daum, à l'époque responsable de la photographie et chargée de l'inventaire des 22 000 négatifs dont 6 000 sur la période de l'Occupation (1 058 en couleurs), et Evelyne Desbois, chercheuse au CNRS, ont dû renoncer à une exposition moins banalisée et plus pensée, après désaccord avec la fille du photographe. André Zucca tout comme Lucien Lacombe ne nous renvoient-ils pas pourtant, sur fond d'actualité, le reflet déformé mais aussi inquiétant de nous-mêmes ?

# Le texte

## en perspective

*Olivier Rocheteau*

# Mouvement littéraire

## La remise en cause des mythes réparateurs de la Seconde Guerre mondiale

AVRIL 1969 : LE GÉNÉRAL DE GAULLE quitte le pouvoir, sans espoir de retour. Il meurt un an plus tard, le 9 novembre 1970. Avec lui, c'est symboliquement toute une génération qui semble s'effacer du devant de la scène politique française, mais aussi toute une vision héroïque du passé encore proche, celui de la Seconde Guerre mondiale. En effet, par son refus prestigieux de la collaboration, le premier président de la Ve République incarnait la figure d'une France unanimement résistante, un mythe qui avait eu une importance cruciale au moment de la « réconciliation nationale » et de la reconstruction, au sortir du conflit. Pourtant, cette image paraît à la fin des années 1960 de moins en moins convaincante, et les nouvelles générations ne semblent plus prêtes à assumer ou à taire les compromissions, consenties ou imposées, des générations antérieures. Un intense travail de ressaisie critique de la période de l'Occupation se met en place.

Il peut paraître logique d'inscrire d'abord *Lacombe Lucien* dans cette perspective. À sa sortie en 1973, le film connaît un grand succès public, en même temps qu'il suscite de vives polémiques : l'histoire de ce jeune paysan du Lot, qui s'engage dans la police allemande

durant les derniers mois de 1944, permet à la fois de
nourrir et d'approfondir le questionnement sur les protagonistes oubliés de l'histoire, en même temps qu'elle
semble brouiller encore les grilles de lecture et de
représentation qui prévalent pour aborder le passé. Le
travail de Louis Malle et de Patrick Modiano occupe
une place particulière dans l'histoire des pensées et des
œuvres qui ont contribué à donner une forme à ce qui
avait fait l'objet d'un intense travail de refoulement.

## *1.*

## Un tournant historique : renouveler la pensée du passé

### 1. *Affronter la question du mal*

«Je me suis dit que j'allais utiliser cette année 1944
comme cadre d'un film sur la "banalité du mal" et j'ai
commencé à faire des recherches sur la collaboration
— pas à un niveau élevé, mais la collaboration ordinaire en province, dans les petites villes» (Philippe
French, *Conversations avec Louis Malle*, Denoël, 1993).
L'expression utilisée par Louis Malle est empruntée à
la philosophe Hannah Arendt (1906-1975), dans son
ouvrage *Eichmann à Jérusalem* qu'elle consacre au procès
de l'un des principaux organisateurs et logisticiens de
la Solution finale. Ce procès, qui se tint d'avril 1961 à
mai 1962 en Israël, Hannah Arendt avait voulu le suivre
en qualité de reporter pour un journal américain, le
*New Yorker*. Elle en tirera un livre, sous-titré *Rapport sur
la banalité du mal*. L'expression suscite alors un grand
nombre de réactions. Contre l'idée partout répandue,

et relayée par l'accusation au moment du procès, qu'on pouvait déceler chez Adolf Eichmann une « profondeur diabolique ou démoniaque », Hannah Arendt s'appuie sur une étude précise des déclarations et de l'attitude du haut dignitaire nazi pendant son procès, qui ne cesse de revendiquer le fait d'avoir obéi aux ordres, et d'avoir même voulu trouver une solution moins meurtrière qu'un génocide pour écarter les Juifs d'Europe. Elle veut démontrer que cet homme était sans doute avant tout inconscient et manquait de la faculté de juger et du sens de la responsabilité. Il ne s'agit pas pour la philosophe de disculper l'un des plus grands criminels de l'histoire, mais de souligner que la notion de monstruosité, utilisée pour rendre compte des crimes contre l'humanité, évite de questionner l'impensé et écarte délibérément la question de l'engagement, de la conscience et de la responsabilité : au moment où l'histoire commence à s'écrire (le procès Eichmann se tient presque quinze ans après celui de Nuremberg, et met ainsi fin à une longue période de silence sur l'Holocauste), Hannah Arendt entend souligner l'importance de ces notions qui doivent garantir l'analyse, pour dénoncer l'instrumentalisation de l'histoire par Israël, un pays qui entendait faire de ce procès un des fondements de sa légitimité politique. Son propos s'enracine dans un refus des représentations simplificatrices et finalement aveuglantes.

Louis Malle entend bien dépouiller la représentation du mal de toute dimension mystique ou hyperbolique : il s'agit de la restituer d'abord dans une quotidienneté, celle de l'action de personnages socialement déterminés, dans le cadre d'une région géographiquement précisée. Cette quotidienneté, on le comprend vite, n'a cependant rien d'ordinaire : elle se charge de l'inten-

sité d'instants incompréhensibles, de rencontres impré-
vues, d'un mélange de renoncements et de poursuites,
d'errances et d'erreurs, de cruauté et d'inconscience…
Au-delà d'une suite de hasards qui pousserait le personnage éponyme du mauvais côté (il n'a plus de place
dans la ferme familiale, le chef de réseau Peyssac lui
refuse la possibilité de rejoindre le maquis, son vélo
crève…), Louis Malle entend restituer dans la représentation une opacité, qu'on retrouve dans la personnalité difficile à cerner de Lucien Lacombe. Dans cette
période troublée, le moindre fait peut prendre une
importance déterminante. Mais cette opacité n'est pas
synonyme d'absolution : bon nombre de scènes rappel-
lent la responsabilité du personnage. Dans la scène 18
chez le docteur Vaugeois, Lucien détruit la maquette
que le fils du médecin a patiemment montée (p. 53) :

> Lucien s'avance, enfonce son doigt par un hublot et
> tire lentement, arrachant un morceau du pont, avec
> un craquement sinistre qui provoque un rictus dou-
> loureux sur le visage du fils Vaugeois.

Le fait qu'il ne fasse qu'imiter encore une fois la
liberté de ceux qui inventent le mal (ici, Jean-Bernard
de Voisins qui a initié le mouvement de destruction du
bateau) ne le dédouane en rien de sa responsabilité :
Lucien sait pertinemment ce qu'il fait, et le film le
montre satisfait de l'effet produit sur le fils Vaugeois.

## 2. *Confronter témoins et souvenirs*

Les historiens vont prendre leur part dans le mouvement de démystification des mythes résistants au début
des années 1970. L'ouvrage de Robert Paxton, *La
France de Vichy*, paraît en France en 1973 et provoque un
choc : contre les thèses qui entendaient jusqu'alors

faire du régime de Vichy un pouvoir qui cherchait sans cesse à minimiser les effets de l'occupation allemande, l'historien américain affirme au contraire que la «révolution nationale» prônée par le maréchal Pétain a totalement souscrit aux présupposés du régime nazi, et anticipé bien souvent ses décisions. Cette description institutionnelle, qui ouvre la voie à de jeunes historiens, se double d'une description des compromissions ponctuelles d'une population majoritairement non résistante. Le tableau est sombre, la méthode a par la suite été contestée (Paxton ne se fondait dans ses analyses que sur des documents allemands et américains, dont l'impartialité est parfois sujette à caution), mais la démarche est salutaire : la parole historique semble en passe de se libérer. Surtout, au-delà de la question de la véracité, les Français se retrouvent face à un «miroir brisé», selon l'expression de l'historien Henry Rousso : obligés de se confronter à une nouvelle image d'eux-mêmes, sans le support d'icônes organisées et figées du passé. Le passé se doit d'être retrouvé : ses effets se font encore sentir dans des mémoires qui n'ont jamais pu ou su regarder en face leurs souvenirs, ni les dire.

*Le Chagrin et la Pitié*, documentaire réalisé par Marcel Ophuls, en collaboration avec André Harris et Alain de Sédouy, poursuit et entretient le mouvement. Sorti en salle en 1971, le film suscite de vives polémiques. Conçu au départ pour la télévision, le film est jugé bien trop subversif par l'ORTF (Office de radiodiffusion-télévision française), qui refuse d'en acquérir les droits. C'est la société de distribution que Louis Malle vient de monter avec son frère Vincent et Claude Nedjar qui décide alors d'en assurer la diffusion en salles. Le film vise à restituer ce qu'a pu représenter l'Occupation à Clermont-Ferrand et dresse un portrait complexe, en demi-teinte, des réactions individuelles devant les événements. La forme documentaire choisie, innovante, laisse la parole à une multitude de témoins et d'acteurs, contre les perspectives habituelles de l'histoire officielle (les images d'archives sont peu exploitées, le général de Gaulle n'y apparaît que dans des images furtives, par exemple). Surgissent alors la discordance des voix individuelles et la disparité des souvenirs. On est frappé de revoir ce film à notre époque : ce qui saute aux yeux, c'est d'abord l'étrangeté des positionnements et des logiques individuels, auxquels notre apprentissage historique ne nous a aucunement initiés. Le film se présente comme extrêmement fragmenté, comme s'il ne parvenait pas à dégager une ligne dans tout cela, comme si Marcel Ophuls avait voulu conserver à sa matière un caractère brut, sans volonté de la lisser au montage, de la clarifier : le spectateur se trouve immédiatement entraîné dans ce flux dont il ne comprend pas toujours tous les aspects. Le film nous permet ensuite d'approcher la perception historique de la période au début des années 1970, la manière dont les acteurs se représentent leur passé : la mémoire ne propose jamais le bel ordonnancement analytique de l'histoire, d'autant moins que tout un pan du travail des historiens reste à venir.

Le film de Marcel Ophuls a beaucoup marqué Louis Malle. De plus, le documentaire a toujours occupé une place importante dans son œuvre. Pour *Lacombe Lucien*, Louis Malle décide de tourner avec des non-professionnels, de la manière la plus libre possible par rapport à la technique, ce qu'autorise alors la nouvelle caméra Arriflex portable 35 mm : « C'est ce sentiment de liberté, beaucoup plus grand que précédemment, qui relie *Humain trop humain*, *Place de la République* et *Lacombe Lucien*. Avec quelque chose qui s'est débloqué dans ma

manière de faire du cinéma […] avec *Lacombe* le pas en
avant se fait sur le plan de l'écriture et marque pour
moi un départ vers un autre cinéma » (« Entretien avec
Louis Malle », *Écran*, n° 25, mai 1974). Louis Malle
entend à ce moment ne pas permettre aux spectateurs
de l'époque de reconnaître les balises habituelles par
lesquelles le cinéma met en place d'ordinaire une iden-
tification rassurante : il choisit de confier les deux rôles
principaux à un inconnu (Pierre Blaise dans le rôle de
Lucien), qu'il a trouvé après un très long travail de cas-
ting dans la région du tournage, et à une jeune man-
nequin qui débute (Aurore Clément dans le rôle de
France), des acteurs peu connus ou étrangers assurant
le reste de la distribution. Le film prend de ce fait un
aspect imprévu et opère d'emblée comme un dépayse-
ment forcé de ce qui constitue ordinairement le caractère de la fiction cinématographique. Ces choix le
rapprochent du documentaire, d'une volonté de montrer des gens que tous auraient pu croiser. Mais Louis
Malle entend également utiliser la force de la fiction
dans ce cadre du documentaire : de ce croisement naît
la possibilité de travailler non seulement sur un discours officiel, mais aussi sur des représentations ancrées.

## 2.

## Construire de nouvelles représentations : la place de l'art

### 1. *Variations cinématographiques*

Depuis la fin de la guerre, le cinéma a joué un rôle
fondamental dans la propagation d'images apaisantes,

porteuses d'une recomposition flatteuse ou partielle du passé encore récent. René Clément propose des histoires grandioses de la Résistance, dans des films comme *La Bataille du rail* (1946) ou *Paris brûle-t-il ?* (1967). Ce dernier, superproduction internationale qui accumule au générique un nombre impressionnant de stars françaises et américaines pour évoquer les derniers mois de guerre et la libération de Paris, se veut une représentation fidèle, en noir et blanc dans sa plus grande partie. Toutefois, les derniers plans, qui célèbrent sur un mode lyrique la capitale libérée, voient d'un seul coup surgir la couleur. Le choix du noir et blanc est donc délibéré : il rejette le passé douloureux des combats héroïques dans un temps archaïque, ce «royaume des ombres» dont parlait Maxime Gorki pour désigner, alors qu'il assiste à une des toutes premières représentations de l'invention des frères Lumière à Moscou en 1896, l'incroyable déréalisation opérée par ce nouveau type d'images, en mouvement certes, mais sans couleurs. Avant *Lacombe Lucien*, peu de films utilisent la couleur pour traiter la période de l'Occupation. La couleur renforce la proximité : alliée aux procédés documentaires que nous avons précédemment évoqués, elle suscite chez les spectateurs une gêne, dans la mesure où elle intensifie l'effet d'authentification. Dans *La Grande Vadrouille* (1966) de Gérard Oury, la couleur ne sert pas un discours réaliste : loin de toute intention de subversion, le film comique consacre l'idée d'une union sacrée en décrivant l'alliance politique d'un homme simple et d'un grand bourgeois hautain.

Seul exemple notable avant *Lacombe Lucien* : le chef-d'œuvre de Jean-Pierre Melville, *L'Armée des ombres* (1969). À sa sortie, le film est vilipendé par la presse de gauche comme une nouvelle célébration de l'héroïsme gaulliste. Cette approche réductrice semble s'aveugler sur la manière dont le réalisateur traite le motif résistant, en le transférant totalement de la grandeur épique vers une forme d'incertitude tragique, qui sonne plutôt le glas d'une certaine mythologie. Le film, qui s'ouvre sur une phrase de Courteline (« Mauvais souvenirs, soyez pourtant les bienvenus… »), se présente en effet comme un espace de célébration hautement paradoxal : cette armée des ombres est habitée par la mort. Chaque souffle, chaque moment comporte le risque de la disparition et le doute de l'efficacité. Rappelant ainsi certains fragments des *Feuillets d'Hypnos* de René Char, carnet de notes du poète au moment où il est chef résistant dans le maquis, le film montre l'action des hommes prise dans l'enfer de la réalisation présente, par définition incertaine de son issue et souvent insurmontable. Jean-Pierre Melville a veillé à étouffer les couleurs, en maintenant malgré tout une carnation, mais d'une rigidité qui évoque la pierre. Il célèbre la Résistance en s'écartant de toute grandiloquence, de toute emphase : il s'agit bien plutôt de construire une image tragique, habitée par l'idée d'une disparition. Celle-ci, postulons-le, est aussi celle de l'imagerie gaulliste, à la fois consciemment reprise et traitée sur un mode opaque, délibérément décalée. Melville propose un film où la mort est omniprésente, où toute idée d'une construction de l'avenir est plombée par l'enfer de la réalisation présente : on est bien loin de l'image d'une résistance garantissant la construction d'un avenir politique.

*Lacombe Lucien* entretient une mystérieuse filiation avec *L'Armée des ombres*. Louis Malle fuit, comme Melville, la grandiloquence. Il ne reprend cependant pas nettement l'idée d'une fatalité tragique : l'utilisation de la couleur dans son film ne vise pas à éloigner, à styliser, mais au contraire à rapprocher, à rendre présent. Il est possible néanmoins de discerner des aspects complémentaires dans le caractère subversif des représentations : la grandeur héroïque est portée par la conscience de la mort, et la bassesse criminelle s'associe à la volonté de vivre. Le cinéma peut vouloir rendre compte de ces paradoxes audacieux que le discours politique ne peut concevoir. Louis Malle se plaisait à rapporter un propos de Jean-Pierre Melville (Philippe French, *Conversations avec Louis Malle*) :

> Jean-Pierre Melville m'avait raconté une histoire qui m'avait encouragé à faire *Lacombe Lucien*. Melville était un grand résistant. Un jour, il avait pris le train pour aller de Bordeaux à Paris — ce devait être en 1943 — avec un ami, qui était également dans la Résistance ; à cette époque, les trains étaient d'une lenteur désespérante, ils s'arrêtaient partout. Dans leur compartiment, il y avait un jeune homme. La conversation s'était engagée et il leur avait dit qu'il tenait absolument à se conduire en patriote et qu'il allait s'engager dans les Waffen S.S. Il irait combattre les communistes sur le front russe. Il débordait d'enthousiasme : « C'est pour mon pays que je vais faire ça. » Avant l'arrivée à Paris, ils avaient réussi à le retourner complètement ; il était entré dans la Résistance et était devenu un héros. Ils avaient su le convaincre qu'il allait commettre une terrible erreur. « Si vous êtes un patriote, il ne faut pas pactiser avec les Allemands. » Dans un sens, cette histoire est presque trop belle.

Racontant cette anecdote, il ne s'agit pas tant pour Louis Malle de répondre à la critique qu'on lui a un moment opposée d'avoir souligné dans son film que les engagements étaient tous hasardeux et relatifs, mais plutôt de démontrer que, dans cette période, chaque instant était porteur de possibles contradictoires et opposés : une situation révèle en un instant la bassesse ou la bravoure, amène la vie ou la mort. C'est cette opacité de l'instant pour chacun, qui peut aller jusqu'au cauchemar, que l'histoire ne prend pas en compte. Pour cela, pour renouer avec la singularité des parcours individuels et des circonstances incertaines, Louis Malle le comprend très vite, le cinéma a besoin de la littérature.

## 2. *Le pouvoir de la littérature : singularité de Patrick Modiano*

Dans ce mouvement de démystification, Patrick Modiano occupe une place essentielle. Dès son premier roman, *La Place de l'Étoile*, et bien avant l'intensification des recherches sur la période, Patrick Modiano choisit d'affronter l'Occupation. Né à la fin de la guerre, il n'a pas vécu les années troubles. Pourtant, lorsque Louis Malle le contacte pour écrire avec lui le scénario de *Lacombe Lucien*, Patrick Modiano a déjà écrit trois romans s'y rattachant : *La Place de l'Étoile* (présenté aux éditeurs en 1967, alors qu'il a vingt-deux ans, et paru en 1968), *La Ronde de nuit* (1969) et *Les Boulevards de ceinture* (1972). Tout part pour lui de la perception intime d'un discours déformant ou simplificateur de l'histoire qu'on lui a exposée et apprise : ne se sentant pas plus appartenir à la communauté nationale sacralisée par la politique gaullienne qu'aux gens de son âge qui voulaient changer le monde et se tournaient délibérément vers des lendemains radieux, Patrick Modiano est porté irrésistiblement vers ces années obscures, au cours desquelles ses parents se sont rencontrés, dont il se sent issu, et dont le caractère sulfureux recèle une partie du mystère des origines, individuelles et collectives.

Patrick Modiano a donc accumulé les informations et acquis une connaissance remarquable de la période. Le parfait ordonnancement théorique ne lui semble pas pour autant permettre de comprendre la réalité concrète de l'Occupation. Il y a chez Patrick Modiano la conscience profonde que l'adhésion à une représentation ne peut se concevoir que comme adéquation à une construction de sincérité : cette sincérité, c'est celle de la littérature, contre la prétention à la vérité de l'histoire. Dans l'immensité des mythes, des discours et des analyses, la littérature a son rôle et sa place : refuser un ordre du passé qui cherche à instrumentaliser la mémoire et à réduire l'imaginaire, la déduction de l'association libre et du hasard des rencontres, de documents ou de personnes, qui reste une source inépuisable d'émerveillement et de curiosité intellectuelle pour l'artiste. Ce que rappelle la littérature, c'est que le passé est à la fois lié aux individus et ne peut nous être accessible que par le travail sensible de notre imaginaire. La littérature, qui n'accorde jamais son entière confiance à la raison analytique, a son rôle à jouer dans la recherche du passé. Il y a dans les premiers romans de Patrick Modiano la volonté de retrouver ce qui pouvait caractériser cette période sombre et ces individus disparus : tout ce à quoi la mémoire ne peut plus avoir accès que par des souvenirs imparfaits, déformés ou tronqués, l'écriture va chercher à le fixer, avec violence et détermination, ne reculant devant aucune des bienséances imposées par la mémoire officielle, comprenant au contraire que c'est dans la radicalité des mots et d'un imaginaire libéré de ce qui l'entrave que peut se consumer le venin que ne cesse de distiller la période.

Le narrateur de *La Place de l'Étoile*, Raphaël Schlemilovitch, endosse ainsi compulsivement une multitude de discours et d'identités contradictoires, mettant à nu toutes les facettes vénéneuses de la pensée réactionnaire et conservatrice française. Le récit ne cesse de subir dans cette partie de l'œuvre modianesque du début des années 1970 les effets de perturbations électrisantes, visant une clarté qui n'est peut-être pas atteignable complètement, mais laissant apparaître des fragments de vérité par un principe d'anamorphoses successives. Le narrateur de *La Ronde de nuit* se meut ainsi dans un univers peuplé de créatures interlopes et dégénérées, se déployant comme une fantasmagorie inquiétante et perverse, toile de fond fantasmatique et toile d'araignée en même temps. Effet curieux : l'infamie dont traite le roman est le résultat à la fois d'une extériorité subie et du surgissement de forces inconscientes. Le narrateur est tiraillé entre un chef de réseau de résistants, le réseau des Chevaliers de l'ombre, et un trafiquant des marchés noirs, le Khédive, à la tête d'une sorte de police supplétive de gangsters alliée à la Gestapo. Pour les uns, il est la Princesse de Lamballe, pour les autres, Swing Troubadour : « Je ne suis moi-même qu'un papillon affolé allant d'une lampe à l'autre et se brûlant à chaque fois un peu plus les ailes. » Il finit par trahir tout le monde et renonce à essayer de saisir son identité fragmentée. Le défi est lancé à ceux qui le suivront : le récit est peut-être la trace laissée à d'autres, pour qu'ils essaient de comprendre…

L'investigation ne s'achève pas, comme le mouvement du narrateur-héros ne s'arrête pas (l'explicit du roman marque cette continuation : « je continue d'avancer dans un demi-sommeil »). « Je donne à mon biographe l'autorisation de m'appeler simplement "un homme" et lui souhaite du courage. Je n'ai pas pu allonger mon pas, mon souffle et mes phrases. Il ne comprendra rien à cette histoire. Moi non plus. Nous sommes quittes. » Le rapport de la personne à son biographe, dans la fiction, est évidemment à prolonger deux fois : par le rapport du romancier à son personnage, par le rapport du lecteur au récit raconté. Chaque fois, un déplacement de l'imaginaire permet à la fiction de se donner comme possibilité de réflexion à partir d'une matière difficile et fluctuante, dont on ne parviendra pas à bout. Mais ce qui est mis en avant, c'est l'effort pour entreprendre, dans les limites du langage, ce mouvement de compréhension, pour circonscrire toujours davantage la part irréductible du mystère.

### 3. « *La mode rétro* » : *le risque du dogmatisme journalistique*

Le début des années 1970 voit donc s'intensifier l'effort de ressaisie critique de la période de l'Occupation. Les journalistes vont parler alors de « mode rétro » pour qualifier toutes les productions, cinématographiques et littéraires, qui se multiplient pendant ces années, et discréditer des créateurs qui ne feraient que suivre la vague. Le film de Louis Malle, qui rassemble plus de quatre cent mille spectateurs en trois semaines dans les premiers mois de 1974, prend l'allure d'un phénomène de société qui rencontre les interrogations individuelles et collectives. Si le film commence par être un grand succès critique, une partie des journalistes comprend avant tout cette histoire comme une parabole de la relativité des engagements. Pour la critique d'extrême gauche, le film, en gommant l'idéologie, tendrait à déresponsabiliser les fascistes. Ce premier parcours nous permet de voir l'erreur de ces critiques : accorder une valeur paradigmatique au personnage du jeune gestapiste, c'est ne pas se rendre compte que Patrick Modiano comme Louis Malle ont voulu rompre avec un discours lénifiant sur la période, sans chercher à remplacer un discours sur l'héroïsme par un autre sur le hasard. Ce qu'il convient de discerner pour accéder d'une manière plus féconde à l'œuvre, c'est bien plutôt que le romancier comme le cinéaste refusent d'entrer dans des stéréotypes : il s'agit de saisir l'ordonnancement des singularités et de tenter d'observer, à la façon d'un naturaliste, une créature singulière.

Il est intéressant de constater qu'une partie de l'interprétation du film à l'époque de sa sortie tient à la volonté de le réduire à une nécessaire portée édifiante. Or Louis Malle, comme cinéaste, et Patrick Modiano, comme romancier, s'inscrivent dans une résistance à la simplification interprétative. On le verra, pour Louis Malle, l'analyse ne peut qu'être un supplétif de la volonté de montrer (on va de l'analyse au récit, mais on perd l'analyse au bénéfice du récit au fur et à mesure) ; pour Patrick Modiano, la littérature est par essence le lieu du refus du discours constitué et imposé. Là est aussi à chercher une singularité du scénario et du film : cédant parfois à des représentations établies (de la Gestapo, de la Résistance…), le film ne se constitue jamais dans l'évidence de la représentation, et donc de l'interprétation : il propose une ressaisie critique d'images qui sont en passe de s'établir comme incontournables (la torture du résistant, les files devant les boutiques…), en les réinsérant dans des parcours inédits. La force du film vient sans doute de la confrontation de l'imagerie avec la tension opaque des protagonistes, ce qu'en quelque sorte Jean-Pierre Melville avait déjà initié avec *L'Armée des ombres* et Max Ophuls avec *Le Chagrin et la Pitié.* Au-delà des images ponctuelles, volontairement exhibées comme fragmentées et partielles, il s'agit bien de marquer moins une volonté de reconstitution que de permettre à chacun d'entrer dans un processus personnel d'investigation. Il faut lire *Lacombe Lucien* à la lumière de l'œuvre romanesque de Patrick Modiano, et ne pas opposer les deux. Il faut aussi comprendre les impératifs de la création cinématographique et son exigence. Patrick Modiano n'entend pas abdiquer une conscience et une perception particulières du monde, ni édifier quiconque : il prétend bien plutôt chercher la possibilité de montrer et de voir, sans simplifier ou expliquer. Peut se fonder alors un discours véritablement indépendant, dans une période où les affrontements idéologiques, extrêmement rigides et structurés (il paraissait tout à fait insoutenable à la critique marxiste de voir un personnage du peuple, qui plus est un « salaud », dépeint comme totalement inapte à la conscience idéologique), constituent un risque pour la création. *Lacombe Lucien* est une réussite dans la mesure où il synthétise parfaitement la période de libération de la fin des années 1960, où se rencontrent à la fois les aspirations multiples à se dégager du poids d'une histoire instrumentalisée à des fins collectives, et la possibilité pour l'art d'échapper aux pièges de la représentation figée, mais aussi aux fièvres dogmatiques de l'affrontement idéologique contemporain.

## Pour prolonger la réflexion

**Philosophie**

Hannah ARENDT, *Eichmann à Jérusalem*, Paris, Gallimard, « Quarto », 2002.

**Histoire**

Marc FERRO, *Cinéma et histoire*, Gallimard, « Folio histoire », 1993.

Robert O. PAXTON, *La France de Vichy 1940-1944*, Seuil, « Points histoire », 1999.

Henry ROUSSO, *Le Syndrome de Vichy*, Seuil, « Points histoire », 1987 ; *Vichy. L'événement, la mémoire, l'histoire*, Gallimard, « Folio histoire », 2001.

**Cinéma**

Philippe FRENCH, *Conversations avec Louis Malle*, Denoël, 1993.

René CLÉMENT, *Paris brûle-t-il ?*, DVD Paramount Home entertainment, 2006.

Jean-Pierre MELVILLE, *L'Armée des ombres*, DVD Studio Canal, 2007.

Marcel OPHULS, *Le Chagrin et la Pitié*, DVD L.C.J. Éditions et Productions, 2001.

Gérard OURY, *La Grande Vadrouille*, DVD Universal Music, 2007.

**Littérature**

René CHAR, *Feuillets d'Hypnos* (dossier de Marie-Françoise Delecroix), Paris, Gallimard, « Folioplus classiques », 2007.

Patrick MODIANO, *La Place de l'Étoile*, Gallimard, « Folio », 2006 ; *La Ronde de nuit*, Gallimard, « Folio », 2006 ; *Les Boulevards de ceinture*, Gallimard, « Folio », 2006.

# Genre et registre

Entre roman et cinéma :
le scénario

LE SCÉNARIO est un texte particulier. Il reflète tout le travail préparatoire d'un film, mais est amené à être dépassé par le tournage, voire à être oublié après le montage du film : les mots s'effacent devant les images qu'ils ont permises. Pourtant, le cinéma a toujours entretenu un lien singulier avec la littérature. Songeons un moment au film de François Truffaut, *Les 400 Coups*, qui évoque sur un mode plus ou moins fictionnel les années de formation du cinéaste. Le jeune personnage, Antoine Doisnel, est d'abord habité par les mots : puni pour avoir fait circuler une image de pin-up par un enseignant aux idées étroites, il jette sur le mur quatre vers vengeurs. Plus tard, il cherche à se racheter en écrivant un texte parfait : mais, trop imprégné du Balzac qu'Antoine Doisnel vénère, le portrait composé sera qualifié de vulgaire pastiche d'un passage de *La Recherche de l'Absolu*. Rien n'est innocent ici : la littérature est l'espace d'expression et d'imaginaire à conquérir, mais c'est un espace habité, enfermé dans des discours de sacralisation. C'est un espace où il s'agit plus de connaître que d'inventer pour le cinéaste.

Face à cette force contraignante, les cinéastes dits « de la Nouvelle Vague » vont s'efforcer de rénover le rapport du cinéaste au scénario. Jusque dans les années 1950, le cinéma s'appuie sur le prestige des mots : le réalisateur s'efface bien souvent devant son scénariste, un écrivain reconnu. Si on radicalise un peu les choses, le cinéaste est presque vu comme un chef technicien qui saurait mettre en images les mots. La « politique des auteurs » prônée par la Nouvelle Vague veut absolument transformer cet état de fait : il s'agit d'accéder au statut d'auteur pour le réalisateur, de revendiquer un moyen d'expression totalement autonome, celui de l'image. Dès lors, le cinéaste se trouve obligé d'écrire ce qu'il veut filmer, de contrôler son projet d'un bout à l'autre de la production. Cette nouvelle conception de l'écriture cinématographique laisse ainsi la part belle à ces deux moments essentiels d'un film que sont le tournage et le montage : le tournage peut laisser le projet aller dans des directions inattendues, le montage peut recomposer entièrement les données d'un récit.

Le scénario est d'abord ce moment de rencontre entre une pensée de l'image et le pouvoir des mots pour la figurer. Pour *Lacombe Lucien*, Louis Malle a accumulé les notes et les idées, il a même écrit des ébauches de scènes : lorsqu'il contacte Patrick Modiano, il a une idée générale et des images, qu'il convient de développer, d'organiser et de composer. L'écrivain doit se fondre dans un projet, mais aussi y trouver la matière à son inspiration. Patrick Modiano trouve assez vite ce qu'il peut apporter à la trame multiple mais encore diffuse qu'on lui propose ; il oriente aussitôt l'écriture dans une certaine voie. Il demande à Louis Malle de travailler séparément les deux aspects du récit : d'un côté les scènes, plus attendues et plus faciles à imaginer pour lui, de l'hôtel des Grottes et de l'univers de la police allemande, de l'autre les scènes de huis clos qui montrent la relation complexe que Lucien Lacombe entretient avec la famille Horn. Le scénario, qui poursuit des objectifs déterminés et subit les contraintes de la production cinématographique, marque ainsi la rencontre entre un imaginaire littéraire et une volonté cinématographique d'incarnation : cette singularité de *Lacombe Lucien* donne à la fois à voir les contraintes d'un genre encadré et une utilisation spécifique de celui-ci.

# 1.

## Les enjeux d'une forme d'écriture

### 1. *Donner forme aux intentions*

« C'était un scénario difficile et, sans Patrick Modiano, je ne m'en serais pas sorti. Il est venu avec son monde à lui, son instinct des situations troubles, un regard exercé sur les zones d'ombre de l'Occupation. Avec lui, les personnages ont pris corps, et le récit a gagné une épaisseur et une sinuosité qu'il n'avait pas » (*Louis Malle par Louis Malle*, Éd. de l'Athanor, 1978).

Patrick Modiano le rappelle : tant qu'on ne se lance pas dans l'écriture du scénario, tout sonne un peu faux et paraît fugace comme des notes entendues de loin, comme une inspiration à retenir. Se confronter à l'écriture permet de dépasser le schématisme des intentions. Le projet de cinéma accumule en effet le matériau textuel : notes d'intentions, synopsis… Tout cela ne permet pourtant pas vraiment de construire quelque chose pour un romancier, pour un écrivain : les mots doivent incarner l'intention en la réalisant, et non la laisser flotter dans l'univers des possibles. Le scénario doit s'écrire : ce n'est pas un recueil d'intuitions, mais une première incarnation, qui définit les périmètres de la fiction et fixe aussi les lignes de recherche pour la suite. Il est frappant de constater que le scénario publié de *Lacombe Lucien* correspond au film, même si la version finale du film monté diffère : il contient, dans tous les sens du mot, l'élan vers le film fini.

Le travail d'écriture correspond à cet effort de fixation qui laisse s'imaginer le film concret. Louis Malle a pris soin de se détacher des contraintes habituelles de la production cinématographique : il n'écrit pas son film en partenariat avec des studios qui conditionneraient leur participation au projet à un regard sur la distribution, par exemple. Il n'entendait brider en aucune façon la construction de la fiction. Patrick Modiano apprécie cette liberté. Les deux hommes se voient beaucoup au cours de l'écriture. Ils parlent ensemble des scènes que l'écrivain précise par la suite : l'échange est quotidien. Cette liberté de création ne doit cependant pas faire oublier que le scénario est amené plus tard à circuler dans un monde de professionnels du cinéma : il sert à convaincre des producteurs, à recruter des comédiens. Ensuite, il sera la ligne directrice, indispensable document pour organiser le découpage des scènes et le tournage. Le scénario est donc un document de travail porté par une double nécessité : la force argumentative et la clarté narrative. L'écriture se doit de fédérer autour du projet en même temps qu'elle lui donne vie.

## 2. *Permettre à chacun de s'approprier les choses*

L'écriture, on le voit, répond à ce double souci en maniant la concision et la précision. L'écriture du scénario doit permettre à chacun de s'emparer par l'imaginaire d'un projet, tout en donnant des contours suffisamment nets pour que personne ne se fasse d'idées fausses. La notation descriptive et l'indication de jeu y tiennent une place essentielle : les vêtements, les positions et les déplacements des personnages, les objets, les jeux de regards sont mentionnés. Tous ces éléments visent le cinéma et commencent à parler sa langue. Il s'agit de trouver les choses qui permettent de saisir un esprit et un contexte. Toute la difficulté paradoxale est de faire naître l'imaginaire, c'est-à-dire de décrire des images, sans enfermer toutefois celles-ci dans un carcan trop rigide, parce qu'elles sont amenées à connaître une nouvelle métamorphose, d'un moyen d'expression à un autre. L'écriture est donc ici contenue, et se juge à l'aune de son efficacité suggestive.

Si la notation précise est essentielle, le dialogue l'est tout autant. De la qualité du dialogue dépend tout un pan du récit. Le dialogue est à la fois un formidable moyen de raconter un personnage, de suggérer une personnalité : la littérature sait particulariser un personnage par son idiolecte. Pourtant, l'exigence est différente encore dans le scénario : le dialogue est aussi le premier élément d'une incarnation qui doit advenir dans le jeu du comédien. Contrairement à ce qui se passe dans le roman, le dialogue doit ainsi donner d'emblée à comprendre quelque chose. Pour se présenter, le personnage éponyme commence toujours par son nom (p. 57 et 63). Patrick Modiano raconte qu'il a eu cette idée en recevant un jour un formulaire administratif où était écrit « Modiano Patrick ». Le détail de la présentation indique tout de suite quelque chose : bien sûr, il y a une distance du protagoniste à lui-même (le prénom est ce qui nous est normalement le plus propre, puisque le patronyme est commun à notre famille), mais il y a également un respect, peut-être même une recherche, de l'autorité qui réduit notre identité à un moyen de classer, qui nous attribue une fonction déterminée : la première tâche donnée à Lucien est celle d'ouvrir des lettres de dénonciation pour Mlle Chauvelot (scène 14, p. 28). La compagne admirative de l'ancien policier Tonin porte le même prénom, féminisé, que le futur jeune gestapiste. Ce choix n'est pas gratuit : cette paronymie suggère un lien secret, un sens commun de l'obéissance aveugle, une admiration pour un ordre brutal mais terriblement organisé et structurant, au détriment d'une certaine partie de soi. Albert Horn rêve un moment sur le prénom de Lucien (scène 21, p. 63 : « Joli nom ! ») : le mot évoque en effet par son origine latine (*lux*) la lumière. Mais le jeune homme n'a pas d'accès à cette culture : il ne se définit pas par le mot. Son silence le montre assez. Pourtant, il y a chez lui une fascination obscure pour ce que le mot peut représenter. Lorsque France demande à Lucien pourquoi il s'obstine à l'appeler « chérie », il lui répond « Je sais pas » (p. 65). Le mot témoigne cependant de l'attirance du jeune homme pour la fille d'Albert Horn, accompagnée d'une perception de la différence sociale et culturelle qui sépare les deux jeunes gens. Lucien voudrait combler cet écart entre eux, mais ne parvient pas à naturaliser ce mot dans son propre discours : ce n'est pas un mot auquel il est habitué («Il a dit "chérie" comme s'il prononçait un mot étranger», p. 64). Il l'a souvent entendu dans la bouche de Jean-Bernard de Voisins : cette façon systématique de désigner sa petite amie, Betty Beaulieu, starlette amorale et hystérique, connote la lassitude désabusée d'un jouisseur décadent et autocentré, soucieux avant tout de ne pas subir l'enthousiasme et les désirs exaspérants de sa compagne. Lucien y voit, lui, la marque d'un amour «distingué».

Chaque mot, chaque silence a ainsi une importance capitale pour sa charge narrative, pour l'ouverture du sens, et pour l'appropriation par les comédiens de leur rôle. Derrière l'écriture dépouillée se cache donc le travail d'un écrivain, qui pèse chaque mot et évalue son efficience en fonction de l'effet psychologique et narratif recherché.

## 2.

## Le romancier et le cinéaste

### 1. *Du texte à l'image*

La présentation du scénario de *Lacombe Lucien* montre une autre spécificité du genre : s'y met en place un travail d'équilibrage et de coupure. Un premier découpage va amener la composition d'un plan de travail pour filmer. Le cinéma ne cesse de découper et de remonter : le scénario doit permettre au cinéaste de penser la durée du film, la manière dont la caméra va saisir une scène, c'est-à-dire le nombre de plans nécessaires : l'écriture du scénario compose la scène, mais doit permettre par ailleurs de la décomposer, de l'organiser en images particulières, en mouvements de caméra.

Le scénario s'organise donc comme une suite de séquences narratives, qui se signalent comme des vignettes, mais aussi comme des fragments. Tout un art de l'ellipse dans le scénario explique également une certaine opacité des choses. Le travail de Patrick Modiano, qui a voulu séparer, au moment de l'écriture, la ligne narrative liée aux Horn de celle des activités de gestapiste de Lucien, suppose déjà un travail ultérieur de recomposition. Le scénario se distingue cependant ici par une utilisation particulière de la successivité narrative : le lien entre les séquences n'est pas nécessairement expliqué. On suit un ordre chronologique évident, sans que le choix mette en évidence une parfaite cohérence du parcours de Lucien. Là aussi, ces choix d'écriture et de narration sont à rapprocher d'une manière spécifique de représenter une période qui ne permettait à personne de se construire dans la régularité : le chaos peut toujours survenir, et chaque instant renferme une masse de choses obscures et cachées. Ainsi, lorsque Lucien avoue à Albert Horn qu'il a tué un homme à la scène 23 (« Je voulais pas le dire devant elle... mais... j'ai descendu un type l'autre jour... *(Il fait semblant d'ajuster un revolver.)* Paf... », p. 69), et qu'il revient à la scène 25 en faisant mine de tirer à la mitraillette, c'est bien sûr la menace qui se figure. En même temps, la continuité narrative est mise à mal : on ne comprend pas bien la coupure de la scène diurne de l'assaut. Le meurtre évoqué n'est pas montré (la scène, violente et assez classique, où Lucien poursuivait un jeune résistant avant de l'abattre a certes été filmée, mais elle a été supprimée au montage). Il y a dans cette construction narrative une force de composition qui se caractérise par la souplesse : les scènes paraissent se succéder selon un ordre concerté, qui aurait pu néanmoins être différent. Le scénario est prêt à évoluer, comme un agencement aux possibilités multiples : le récit repose aussi sur de l'aléatoire, mais un aléatoire parfaitement pensé comme tel, et signifiant. À l'ordonnancement rigoureux d'un discours articulé, le scénario de Louis Malle et de Patrick Modiano préfère la variation de la vignette. Dès l'écriture se fait sentir l'envie de conserver une ligne narrative tout en déjouant le piège de l'explication : de là une place singulière laissée à l'ellipse, espace silencieux où l'imaginaire du lecteur et du spectateur peut et doit s'immiscer.

## 2. *Décomposer/recomposer : tous les films possibles*

Le scénario ne révèle donc finalement que partiellement les choix ultérieurs du cinéaste, mais donne bien au film ce qu'on pourrait appeler son « esprit », dans le sens où il n'en est pas que la lettre, loin de là. Nous sommes invités par l'écriture à imaginer tous les films possibles : les mots reprennent une force autonome qui justifie pleinement la publication du scénario. Deux pistes s'ouvrent alors en effet.

D'une part, le scénario permet d'approcher le processus de création du cinéaste quand il s'empare des mots que le scénariste met à sa disposition (quels choix d'images sur ces mots, quelle implication de l'image dans les mots ?). D'autre part, les mots du scénario constituent une sorte d'inachèvement, un appel inédit à l'imaginaire, pas celui du roman, où la proposition est achevée, et contient en elle le principe de sa révélation, pas celle de l'ébauche ou du manuscrit, parce que le travail de l'écrivain est complet, c'est-à-dire qu'il est allé, à un instant donné bien entendu, et dans une forme contraignante, au bout de son expérience d'écriture.

Le texte de la scène 6 est bref, concis, et pourtant d'une grande précision. La scène occupe un peu plus d'une minute et quinze secondes dans le film. On y compte dix-huit plans. La caméra tourne autour des personnages et suit trois axes : Lacombe Lucien, avec essentiellement des expressions de bonheur du personnage ; son camarade, qui regarde Lacombe avec un mélange de crainte et d'admiration ; les lapins qui s'enfuient. On se trouve dans une clairière dégagée, mais on n'insiste pas spécialement sur le lieu (au cinquième plan, on peut voir aux épaisses parois rocheuses qui entourent la clairière qu'on est bien dans une combe, qui rappelle évidemment le rôle titre). La scène n'est pas une scène nocturne, comme l'envisage le scénario. Au plan 7, le chasseur tire vers la caméra, le spectateur. Est reprise l'interrogation initiale avec l'oiseau (y a-t-il un plaisir de tuer de Lacombe Lucien ?), nuancée cependant par la scène précédente dans le film, qui se trouve plus loin dans le scénario : la scène 10, traitée à la manière d'un documentaire sur le travail de la ferme. Les paysans transportent le corps d'un cheval mort, le jeune homme flatte assez longuement la tête de l'animal : le scénario indique « avec timidité », ce que l'image dément d'une certaine façon, le jeune comédien arborant un visage mystérieusement buté, malgré le geste assez tendre de caresse. C'est à cette « timidité » qu'on reconnaît l'écrivain, et à ce que ce mot devient à l'écran qu'on voit le travail du cinéaste et, ici, du comédien.

La scène de chasse est une scène entièrement silencieuse. L'écrivain se doit de noter ce que cela va deve-

nir à l'écran. Les mots ont une profondeur certaine :
on songe évidemment au mot « combe », qui désigne
une vallée profonde. Une adéquation très claire s'opère
entre le jeune paysan et l'environnement naturel, qu'on
retrouvera à la fin du film. Le scénario indique un
moment de suspension heureuse (« Lucien semble
épuisé, mais heureux »). Le texte indique le mouvement (« Il se couche dans l'herbe. Il appuie son visage
contre le sol et regarde son compagnon ramasser les
derniers lapins », p. 13). Ces notations disparaissent du
film : on ne voit pas Jean Blaise se coucher dans
l'herbe. Au dernier plan de la scène, il est déjà couché.
Ce qui se lit sur le visage du comédien, c'est moins le
bonheur (on opposera le visage de Lacombe à celui
qu'il peut avoir dans la dernière partie) que la préoc-
cupation. En mâchonnant une herbe, en en fragmen-
tant une entre ses doigts, le personnage, c'est clair,
pense à autre chose : il est préoccupé. La scène suivante
explique cette pensée cachée : Lacombe Lucien apporte
à son ancien instituteur, chef d'un réseau de résistants,
un lapin : le butin de la chasse sert alors une nouvelle
négociation, il est un signe qui fait un lien narratif.
L'ordre du scénario tel qu'il a été pensé pour la publication ne propose pas d'emblée une telle élucidation :
la scène qui suit devait être la scène où Lucien annonce
à sa mère son intention de ne pas retourner à l'hospice
de vieillards. Le travail du cinéaste vise à clarifier la
continuité narrative. Le travail des mots, on le voit,
opère des filiations plus mystérieuses entre les scènes :
la scène de chasse, sans un mot, peut tout aussi bien
se rattacher à la scène initiale de l'oiseau qu'on tire
au lance-pierre qu'à celles de la fin, où la chasse est
synonyme de subsistance dans une nature devenue
accueillante, dans une suspension totale de l'histoire.

Elle peut aussi rappeler la scène 24 : au moment d'une charge de miliciens contre les maquisards, à laquelle participent Tonin et ses hommes, Lacombe Lucien, lointaine réminiscence de Fabrice à Waterloo ou de René à Thionville, se détourne de l'action principale pour tirer un lapin qui s'enfuit. Le motif devient alors ambigu : le personnage considère-t-il sur le même plan le fait de tirer sur un résistant et sur un lapin ? Ou, comme on le voit à l'écran, l'importance de la charge lui échappe-t-elle partiellement, au point de ne pas arrêter totalement son attention ? L'instinct de chasseur de Lucien, auquel Louis Malle tenait beaucoup, peut faire signe vers la cruauté comme vers un rapport profondément naturel à son environnement, que rien ne peut en définitive vraiment troubler. Le texte en décline les contradictions, que l'image va recomposer et clore d'une certaine façon. Les mots du scénario échappent à la force conclusive du cinéma, qu'ils ont pourtant servie, en organisant une première représentation. Si le scénario « n'est que l'expression du désir initial de raconter telle histoire », comme le dit Marie-Anne Guérin dans *Le Récit de cinéma*, un scénario écrit par Louis Malle et Patrick Modiano continue à nourrir notre désir de littérature et de cinéma.

**Pour prolonger la réflexion**

André BAZIN, *Qu'est-ce que le cinéma ?*, Éd. du Cerf/Corlet, 1985.

Marie-Anne GUÉRIN, *Le Récit de cinéma*, Cahiers du cinéma, Les Petits Cahiers, SCEREN-CNDP, 2003.

Anne HUET, *Le Scénario*, Cahiers du cinéma, Les Petits Cahiers, SCEREN-CNDP, 2006.

*Louis Malle par Louis Malle*, Éd. de l'Athanor, 1978.

Claude MURCIA, *Nouveau roman nouveau cinéma*, Nathan Université, 128 Lettres, 1998.

René PRÉDAL, *Louis Malle*, Edilig, « Cinégraphiques », 1989.

# L'écrivain
# à sa table de travail

## La construction du récit :
## l'intention allégorique
## et l'imaginaire

ENTRE L'IDÉE INITIALE DE *LACOMBE LUCIEN* et le film fini, tout un parcours se donne à lire. Le propre d'un film est d'accumuler des traces de toutes les étapes qui l'ont précédé : l'identité cinématographique est le résultat d'un travail sensible de l'idée. Plus que la manière de fixer les choses, il s'agit plutôt ici de savoir comment les strates successives aboutissent à une telle densité qu'elle multiplie les voies d'interprétation et de questionnement.

D'une certaine façon, le scénario et le film prolongent une recherche : les gros plans sur le personnage principal montrent la volonté de scruter dans l'incarnation de Jean Blaise quelque chose de mystérieux et d'impénétrable. Pourtant, les archives de Louis Malle, conservées à la BIFI (Bibliothèque du Film), indiquent au contraire que Louis Malle a voulu au départ élucider les opacités du personnage, en dessiner des contours nets, en partant d'un cas qu'il peinait à comprendre. Le résultat donne à voir quelque chose d'encore radicalement différent des premières esquisses préparatoires. Le film s'est progressivement délesté de ses aspects les plus didactiques et a aussi estompé la représentation de la violence : le travail de création témoigne d'un processus qui ne vise pas la clarté et l'assurance du discours argumentatif, mais puise dans la littérature et le cinéma la force d'échapper à une vision trop étroitement explicative.

## *1.*

## Parcours d'une idée

### 1. *Des rencontres et des histoires*

Louis Malle trouve d'abord dans ses rencontres et expériences de quoi nourrir le personnage de Lucien Lacombe. En 1962, en Algérie avec des journalistes, juste avant la fin de la guerre, il est accueilli dans un fort militaire en plein milieu des montagnes. Le groupe partage l'ordinaire des soldats, avides de leur montrer leur force (Philippe French, *Conversations avec Louis Malle*) :

> Je partageais la chambre d'un jeune officier qui, jusquelà, n'avait rien dit. Dans le civil, il était comptable, et il faisait son service militaire en Algérie ; il m'avait dit qu'il était un O.R., un officier de renseignement. Il avait pour tâche de réunir des informations. Autrement dit, c'était lui qui s'occupait de la torture. Il avait l'air parfaitement normal, un petit-bourgeois très bien élevé — il écrivait à sa fiancée tous les jours —, il se justifiait en disant qu'il fallait bien que quelqu'un se charge de ce travail. Il y avait en lui quelque chose qui me semblait terriblement inquiétant.

La proximité historique rend très délicate toute investigation de la période : Louis Malle retient de cette anecdote vécue l'idée d'un personnage capable d'exécuter des basses œuvres sans aucun scrupule. Puis il se passionne pour un scandale qui avait éclaté au Mexique, pays où il séjourne assez longuement à la fin des années 1960 : la presse avait découvert que le pouvoir avait formé une sorte de police supplétive composée de jeunes délinquants des bidonvilles pour infiltrer et démanteler les groupes d'étudiants contestataires. Louis Malle écrit alors un synopsis assez développé, *Halcones* (*Les Faucons*), et entreprend même des repérages : c'est la réaction du cinéaste Luis Buñuel, à qui il expose cette trame et qui lui assure en riant que le pouvoir mexicain ne le laissera pas tourner un tel film, qui le convainc de renoncer au projet. Louis Malle pressent que toutes ces histoires peuvent converger dans le contexte de la fin de l'Occupation, cadre français où son discours peut paraître plus légitime.

Ce parcours croise le souvenir traumatisant de l'enfance du cinéaste : la première version du scénario comporte en effet une première partie qui aboutira treize ans plus tard au scénario d'*Au revoir les enfants*. Lucien devait être ce garçon de salle d'un collège pour garçons de bonne famille qui, par vengeance et ressentiment social, finit par dénoncer aux Allemands les bons pères chargés de l'établissement, et les enfants juifs qu'ils cachent au sein de leur effectif. Lucien s'enrôlerait à cette occasion dans la milice. Louis Malle écrit énormément : le matériau narratif semble proliférer. Il faut circonscrire un récit qui multiplie les pistes et les angles d'attaque. Il pense un temps faire appel à Jean Genet, auteur de *Pompes funèbres* en 1944, roman douloureux et touffu, à la fois hommage amoureux à son amant disparu, le jeune résistant Jean Decarnin, et « chant de haine contre la France », selon l'expression de René de Ceccatty (« Pourquoi caricaturer la pensée de Jean Genet ? », *L'Humanité*, 1er juillet 2006). On retrouve

quelques traces de ce roman, dont l'un des protagonistes est un jeune milicien nommé Riton, dans les
notes manuscrites de Louis Malle conservées dans ses
archives : il a été marqué par la scène où Riton mas-
sacre un chat qu'il envisage de manger pour assouvir sa
faim, et par la manière dont Jean Genet a dépeint le fas-
cisme comme théâtralité morbide. Il envisage même de
faire passer un moment son personnage dans une maison de redressement («voir Jean Genet pour information sur les conditions de l'époque» indique une de ses
notes de travail), ce qui évoque un autre roman de
l'écrivain, *Le Miracle de la rose,* dans lequel Jean Genet
évoque ses séjours à la centrale d'arrêt de Fontevrault
et à la maison de correction de Mettray, où il fut
enfermé à quinze ans. C'est vraisemblablement Genet
qui lui déconseille de filmer un milicien et de faire de
son personnage plutôt un affilié civil au nazisme. Les
deux artistes se rencontrent brièvement et se plaisent à
converser, mais la collaboration n'aura pas lieu : les
représentations des deux hommes sont sans doute trop
différentes, et tout porte Jean Genet vers le chant
rédempteur et la rage d'une mystique paradoxale, plus
que vers la voie du récit, que choisira Louis Malle.

## 2. *L'intention symbolique et didactique*

De ce premier moment de la création, on peut dire
schématiquement que *Lacombe Lucien* garde deux éléments. D'une part, une volonté du cinéaste de s'inté-
resser d'abord à un personnage, d'aller vers une
vraisemblance de la construction psychologique, tout
en se méfiant de la psychologie : un très grand nombre
de manuscrits de Louis Malle l'attestent. D'autre part,
le croisement de deux tendances inconciliables en

l'état : une fibre poétique et mythologique (où se croisent Jean Genet, mais aussi sans doute des traces lointaines de l'*Héliogabale* d'Antonin Artaud), et une volonté didactique et documentaire. Les titres envisagés pour le film permettent de voir l'évolution : au début, *Le Milicien*, avec pour sous-titre *Le Fils du soleil*, puis *Lucien*. La scène 9 au début du film rappelle cette parenté symbolique qui devait souligner le lien étroit du personnage avec la nature, un des fils conducteurs du récit : « Lucien cligne des yeux, sans cesser de fixer le soleil. Il semble fasciné. Au loin, on entend la voix de la fille qui appelle Lucien. Celui-ci ne l'entend pas. »

Si intention didactique il y a, elle est à chercher du côté de la fascination de Louis Malle pour ce qui est absolument différent de lui : ce que la rhétorique marxiste envahissante de l'époque appelait le *Lumpenproletariat*, cette partie du prolétariat (classe qui ne possède rien et ne peut compter que sur sa force de travail pour survivre) qui n'a aucune conscience de classe et qui peut donc être manipulée et se retourner contre les membres de sa propre classe. Le réalisateur veut s'aventurer au-delà des représentations de la grande bourgeoisie dont il est issu, qu'il a déjà explorée dans plusieurs de ses films. Pourtant, on le voit, cette piste de réflexion est loin de résumer le film. Lucien Lacombe n'a pas de formation culturelle et idéologique, mais cela ne l'empêche pas de vivre une histoire, certes très ambiguë, avec France Horn, jeune Parisienne raffinée : les origines paysannes du personnage passent progressivement au cours du film au second plan. Le personnage atteint en fait une opacité et une complexité dans ses rapports à l'autre et aux situations qu'il rencontre : sa vérité est bien moins dans un déterminisme social que dans les aléas du récit, dans une période chaotique où tout était possible. Le carton choisi par Louis Malle pour figurer en exergue du film, «Ceux qui ne se souviennent pas du passé sont condamnés à le revivre», indique que la ligne didactique s'est estompée pour atteindre une portée beaucoup plus générale. La leçon est liée à la nécessité du souvenir et du passé : le film ne constitue pas un cours d'histoire, mais en appelle plutôt à une nécessité de la mémoire et de l'imaginaire. La mise en garde résonne de plus tout autant comme une menace que comme une inquiétude.

## 2.

## Le brouillage : les deux lignes du récit

### 1. *La violence et l'oppression*

L'intervention de Patrick Modiano est déterminante dans le cheminement du projet. Pour Louis Malle, il s'agissait avant tout de «montrer les choses» d'une manière implacable : on est frappé de voir dans les notes préparatoires que les premières versions du film envisagé sont d'une très grande violence. La scène où Lacombe rend visite à son ancien instituteur Peyssac était au départ une véritable scène d'humiliation, et l'instituteur finissait par être tué ensuite au cours de son arrestation à Souleillac, devant un Lacombe fier de sa trahison, qui adressait aux villageois «un sourire de défi». L'irruption chez le docteur Vaugeois culminait sur le viol d'une jeune fille de la famille par Aubert, scène quasi insoutenable. Patrick Modiano retient d'abord l'idée d'une confrontation du jeune gestapiste avec une famille juive qui se cache. Au début des années 1970, les représentations des Juifs pendant la guerre ne sont pas très nombreuses, et souvent caricaturales : elles rejoignent assez souvent encore des images stéréotypées de soumission, de passivité victimaire, ou empruntent à la figure innocente de l'enfant, comme dans *Le Vieil Homme et l'enfant* de Claude Berri (1966). Patrick Modiano se sent inspiré par cette ligne du récit, qui dessine un territoire plus réaliste, plus complexe et suggestif : il écrit donc toute la partie consacrée à Lucien Lacombe chez les Horn.

Dans *Lacombe Lucien*, la place du huis clos devient essentielle. Dans cet appartement, autour d'une « pièce en grand désordre, pleine de meubles et de vieux journaux », se joue « le centre de gravité » du film, selon l'expression de Patrick Modiano. Expression forte, qu'il convient de prendre à la lettre pour comprendre les enjeux du film. Tout se dit ici du rapport à la période représentée. Le huis clos, c'est à la fois le lieu de l'enfermement, un lieu d'occupation chargé de tensions (Lucien Lacombe investit l'appartement et s'y installe), un lieu d'échanges, de possibles, de révélations, mais aussi de résistance. Échanges, possibles, révélations, résistance : on retrouve bien là les facettes de la mémoire pour Patrick Modiano. Tout ce qui constitue la période historique est ici ramené à une échelle individuelle, c'est-à-dire humaine. Tout est ici chargé de sens et échappe aux images conventionnelles des combats. Le travail de Patrick Modiano estompe ainsi la violence brutale pour aller vers une peinture de l'oppression. Dans ces scènes, la violence n'est plus montrée, mais elle est latente et prend surtout l'aspect du fantasme et de la menace. Rejetée du premier plan, la violence est paradoxalement moins directe, mais plus agissante. Retenue, elle est porteuse d'une virtualité plus qu'inquiétante : l'équilibre est toujours précaire. De surcroît, elle n'est plus simplement donnée à voir, mais nécessite un travail interprétatif du lecteur et du spectateur qui se heurte à l'opacité complexe des situations. Tous les éléments, déplacements, regards et mots échangés prennent une réelle densité de significations. Louis Malle avait d'abord pensé le récit à partir du personnage. Patrick Modiano se réapproprie le personnage et le récit à partir de la situation.

Le sentiment d'oppression naît alors de l'inquiétante étrangeté, du bizarre, d'un danger diffus qui ne prend pas nécessairement les traits de l'idéologie, qui la dépasse parce qu'il est partout. La politique est identifiable dans certaines répliques (le professeur Vaujour : « Je suis gaulliste »), mais comme rejetée aux marges du film. Le calme de l'hospice, suspendu par l'audition des conversations d'Henriot, l'entraînement au tir de Lacombe sur le portrait du maréchal Pétain (« le vieux cul ») : le rapport des protagonistes n'est pas un rapport de soumission à l'idéologie, ou de façon caricaturale, comme pour Faure toujours discourant. L'autorité est moins ici affaire de conviction que d'arbitraire mal délimité. La peinture de l'oppression tire sa force de cet effacement de la violence et de l'idéologie : Patrick Modiano est porté par l'idée que, pendant l'Occupation, on pouvait rencontrer des gens dont on savait qu'ils se livraient à des activités plus ou moins louches, plus ou moins brutales, sans pour autant pouvoir mettre des mots et des images sur celles-ci. Le fantasme et l'imaginaire engendrent un sentiment mêlé de crainte, d'insécurité et de gêne. On peut considérer alors que le geste d'Albert Horn, qui décide un matin de renouer avec ce qui le distinguait antérieurement, l'apparence élégante et la souplesse raffinée du mouvement, signes extérieurs de son intégrité et de sa dignité, constitue pour lui un moyen d'échapper à l'oppression (« Je reprends du poil de la bête ») : dans ce qui s'apparente à une forme de suicide, le personnage a choisi de se confronter à la violence de l'extérieur plutôt que de s'enfermer dans une oppression sans fin. La rencontre de la brutalité d'un idéologue nazi comme Faure marque en fait sa véritable sortie du récit : la mort est un horizon où plus rien ne peut se dire et où s'effacent toutes les possibilités du sens. Les victimes de l'histoire sont réduites au silence, livrées à un arbitraire dont on ne peut de toute façon retenir que l'incompréhensible violence. Trop montrer celle-ci expose d'ailleurs au risque de la banaliser.

## 2. *Montrer et suggérer*

Introduire un nouveau rapport à ce qui est suggéré constitue un mode de mise à distance, la recherche d'un point d'observation juste. Là se rencontrent finalement les préoccupations du romancier et du cinéaste. Il faut « voir », mais « voir » consiste avant tout à adopter une place et un point de vue. Être trop près, c'est s'aveugler, être trop loin, c'est être dans le flou. Le problème de l'image, presque celui de la caméra, rencontre celui des mots, du langage approprié et de la place du silence. On comprend dès lors que si tout n'est qu'une question d'accommodement et d'adaptation, c'est au lecteur-spectateur de poursuivre le travail. Ce qu'il faut saisir, c'est cette libération du regard que la fiction permet d'opérer.

La seconde ligne du récit, qui décrit l'antre des gestapistes et leurs activités, se charge elle aussi de complexité. Tout ce qui paraissait clair et reconnaissable dans la représentation de la période est contaminé par le questionnement et l'inconfort nécessaires à sa mise en place. Le paradoxe du film devient justement de renoncer à théâtraliser l'horreur de l'engagement fasciste, ou de dénoncer cette théâtralisation. Le personnage du Martiniquais Hippolyte, inspiré d'un gestapiste réel, est intéressant pour Louis Malle : il témoigne d'un fait avéré, tout en tirant en même temps le récit vers une dimension gênante («j'en avais parlé avec Patrick Modiano et nous en étions arrivés à la conclusion suivante : ce n'est pas parce que c'est un fait réel qu'il faut le mettre dans le film, mais parce que c'est extrêmement dérangeant», Philippe French, *Conversations avec Louis Malle*), et en lui faisant courir le risque de l'invraisemblance. Le siège des miliciens semble parfois traité comme le repaire de gangsters d'un film noir américain. La réalité se retrouve alors dans une reconstitution habitée par la contradiction. L'histoire du projet souligne ce paradoxe : le film part d'une observation de la réalité, mais renonce à l'illustrer pour retrouver dans la fiction une force plus grande de suggestion et de perturbation.

L'accommodement est donc affaire de positionnement. Ainsi, dans une première version de la scène de torture du résistant, le geste de Lucien se prolongeait en supplice sadique : le résistant humilié finissait par implorer la pitié du jeune gestapiste. Or, là aussi, cette violence disparaît au cours de l'écriture. Remarquons que cette scène pose problème dans l'ordre logique du récit : pourquoi Lucien Lacombe refuse-t-il la possibilité qui lui est offerte ? On pourrait répondre qu'il ne supporte pas qu'on l'infantilise, mais cette explication paraît trop simple par rapport au geste du personnage. Bâillonner le chef résistant avec du scotch et le maquiller

relève du sadisme, mais ce geste est aussi travestisse-
ment : il rappelle que tout cela n'est que rôle et refus
de rôle pour le personnage. On pourrait d'abord dire
qu'il y a chez Lacombe la volonté de détruire ce en
quoi les autres croient, ce qui les définit : on l'a vu avec
l'épisode de la maquette. Cette explication reste toutefois partiellement insatisfaisante : d'une certaine façon,
cette scène de la torture dénonce son artificialité, c'est-
à-dire qu'elle donne à voir le principe de la représentation. La situation archétypale est dépassée par le jeu,
mais un jeu qu'on ne comprend pas, qui ne « colle » pas
vraiment : tout se passe comme si le film jouait à ce
moment-là avec une fin possible (Lucien Lacombe
délivre le résistant, accomplit un geste qui lui autorise
un renouveau…), comme le personnage joue, et refuse
la réplique. Contre une forme de dénouement qui
ferait la part belle au spectacle, il s'agit d'exhiber un
spectaculaire qui est presque de pacotille. De plus, il
faudrait remarquer que la question du vouvoiement,
exhibée par le jeune homme pour expliquer son geste
(« J'aime pas qu'on me tutoie »), renvoie à d'autres éléments dans le récit : France lui dit « On peut vous
tutoyer, Lucien ? » (dans la scène 27, la réplique a été
supprimée dans le film), et Horn s'étonne que Faure le
tutoie dans son délire antisémite (« Mais pourquoi me
tutoyez-vous ? », scène 37). Le spectaculaire est refusé au
bénéfice de quelque chose qui renvoie à une construction intime, mais opaque : Lucien Lacombe a sans
aucun doute été marqué par les deux moments précédemment cités, lui qui n'utilisait vraisemblablement
pas le vouvoiement avant la rencontre des Horn. Aller
au bout de l'expérience, mais aussi de la perturbation
des représentations : la fin choisie par Louis Malle et

Patrick Modiano suspend finalement le jugement et la représentation.

## *3.*

## L'incarnation et le suspens

### 1. *La force de subversion*

On commence à le deviner : Louis Malle avait besoin de Patrick Modiano pour l'aider à oser certaines choses qui n'étaient pas tout à fait de l'ordre du cinéma. Le projet littéraire de Patrick Modiano vient éclairer les intentions : il s'agit bien de montrer ce qu'oublie l'histoire, ce qu'elle engloutit dans ses synthèses brillantes. Seule la littérature peut s'opposer aux simplifications et aux généralisations historiques. Et le cinéma parachève ce mouvement en montrant l'opacité là où lui la travaille : dans le regard. Regard buté de Lucien Lacombe, regard perdu et volontaire du personnage d'Aurore Clément, regard désabusé et en sursauts permanents d'Albert Horn, regard mutique de la grand-mère... Ce jeu des regards, c'est ce par quoi le cinéma révèle l'opacité du monde, l'opacité de l'histoire lorsqu'elle n'est encore qu'actualité vécue. Patrick Modiano utilise dans son œuvre littéraire le matériau de l'historien pour le subvertir à d'autres fins : le document sert par exemple à faire resurgir la jeune fille oubliée, littéralement engloutie par l'histoire dans *Dora Bruder*. Rencontrant aussi dans les parcours de l'imaginaire des scènes fondatrices de l'identité de l'écrivain, la fiction est conçue comme une actualisation de l'histoire, qui en restitue la profondeur vécue. Nous retrouvons en effet dans la multitude de ces cas particuliers une partie de ce qui nous constitue, dans notre fragilité et notre inconsistance, dans notre volonté de puissance et notre difficulté à comprendre et à agir. La leçon de *Lacombe Lucien* n'est pas historique, elle est beaucoup plus vaste : elle interroge la place de l'imaginaire dans notre interprétation du passé, et nous propose finalement de nous interroger sur nous-même. Tout le cheminement du projet le prouve : permettre à chacun de s'approprier un pan de l'histoire refoulée passe par un travail d'épure grâce à la fiction et à une mise à distance du jugement.

## 2. *Le jugement et l'imaginaire*

Les dernières séquences du film suspendent le récit dans un moment qui, racontent Louis Malle et Patrick Modiano, a beaucoup surpris les producteurs et suscité leur inquiétude. Cette fin en effet ne paraît pas spectaculaire, pour tout dire très peu cinématographique. Le cinéma veut montrer les choses, et ne recule pas devant la brutalité. Or *Lacombe Lucien* ne recourt à cette brutalité que pour nous en éloigner d'une certaine façon, et nous pousser à la questionner, à la fois dans le moment où elle est vécue et dans la manière dont on la représente. À la fin du film, la ligne didactique et la ligne fictionnelle fusionnent et se brouillent :

> À partir de là, il n'y aura plus de suite chronologique, mais des moments, très longs, comme si l'on épiait patiemment les faits et gestes de ces trois personnages. Ils ne parleront pas, ou très peu. Dans cette campagne écrasée de soleil, sans aucune présence humaine, on aura l'impression d'être hors du temps, de l'histoire (plus aucune allusion à la guerre), dans une sorte

d'éternité où les activités les plus essentielles de la vie se répètent de manière autonome. Ce final, serein, mélancolique, sera comme un point d'orgue, une note prolongée.

On le sent bien dans le scénario : la fin du film accède à quelque chose de proprement littéraire. Ce qu'on pouvait discerner bien avant devient évident : il faut fuir la reconstitution, la brutalité, la guerre, et laisser les choses suspendues, offertes au choix et à l'intelligence interprétative du spectateur. Ce moment de suspension est d'ailleurs utilisé dans le récit. Dans la scène 49, Lucien est suspendu dans un arbre et France le cherche : « Celui-ci l'observe avec une sorte d'indifférence, sans bouger de l'arbre. » Dans la scène 52, France tient une pierre au-dessus du visage de Lucien, « mais elle la garde dans la main, en suspens ». Les deux scènes se lisent ensemble. Le suspens est effectif dans les deux cas : quelque chose se cache, et un personnage suspend son jugement. L'opacité et la contradiction demeurent intactes, elles s'offrent dans la beauté des protagonistes et des lieux non comme une fin en soi, mais comme une occasion à saisir. Prenons soin de ne pas être lapidaire justement, de conserver curiosité, patience et calme dans ce travail d'entomologiste : la grand-mère observe avec un léger sourire un insecte sur une feuille.

Le carton final marque le resurgissement du cinéma, dans une forme de brutalité, néanmoins contenue : la victoire est ici pour les mots, dans une curieuse inversion. La légèreté de la littérature gagne le cinéma, et la brutalité du cinéma est comme rejetée hors du film : la mort de Lucien Lacombe ne sera pas montrée. Inversion, car à ce moment-là, c'est véritablement l'image qui emprunte à la littérature sa possibilité de suspendre les choses, de les laisser dans une indétermination, et qui contient le cinéma, comme volonté de mettre les mots en images, dans l'utilisation du carton. Le procédé est cependant partiel et fragile : on ne sait rien du destin des autres personnages. Aux spectateurs de s'accommoder de cela et de poursuivre l'histoire. « Une note prolongée » : la fin ne marque pas l'arrêt de l'imaginaire, mais elle parvient à sauver la poésie du désastre.

---

### Pour prolonger la réflexion

Pierre BILLARD, *Louis Malle le rebelle solitaire*, Plon, 2003.

Alain FERRARI, « Filmer l'ennemi (genèse de *Lacombe Lucien*) », *La Règle du jeu*, n° 26, septembre 2004.

Jean GENET, *Pompes funèbres*, Gallimard, « L'Imaginaire », 1992.

Louis MALLE, *Au revoir les enfants*, Gallimard, « Folio », 1987.

Patrick MODIANO, *Dora Bruder*, « La bibliothèque Gallimard », n° 144.

# Groupement de textes

## Le jeune homme et l'histoire

LA JEUNESSE EST PORTÉE par l'enthousiasme, comme chacun sait. Au jeune homme qui veut entrer dans le monde d'une manière glorieuse, la société et la littérature n'ont pas manqué de proposer des modèles séduisants, voire grandioses, en vertu des valeurs qu'elles plébiscitaient conjointement. L'héroïsme, porteur d'une incitation à l'action, politique ou morale, mérite le récit, et en ce sens il est matière à littérature, à représentations : la forme épique célèbre la jeunesse perpétuelle du monde, à travers des figures de jeunes gens dont le dynamisme, la grandeur d'âme, la maîtrise d'eux-mêmes rendent possible l'évolution du groupe et qui, par leur sacrifice même parfois, constitueraient la chance pour tous d'échapper aux dangers incessants qui menacent. Ainsi, le jeune homme est confronté aux pires obstacles et difficultés : bien souvent, c'est au combat qu'il doit montrer sa valeur et sa force. Achille doit s'emparer de Troie, Thésée affronter le Minotaure, Tristan terrasser le Moloch…

Dans ces représentations héroïques, la littérature prend goût assurément pour le spectaculaire et la beauté de la jeunesse. Elle construit un monde idéal qui légitime l'épreuve en l'esthétisant, qui trace des voies à suivre. Mais le propre de la littérature est de ne pas se satisfaire de ses propres constructions, et d'assumer toujours un regard critique sur elle-même et sur le monde. Du héros épique naît ce contre-modèle génial du *picaro* chez Cervantès (1547-1616), avec Don Quichotte, le chevalier à la triste figure, vieux de corps mais jeune d'esprit. Ce personnage de vieillard en quête d'actions héroïques, de combats valeureux, et qui ne fait que prendre des moulins à vent pour des géants hostiles, témoigne de la volonté de confronter l'idéal à la réalité, c'est-à-dire de voir ce que le réel a certes de décevant, mais aussi, par contraste, de romanesque. Finalement, la possibilité de l'ironie redonne au personnage du héros une formidable marge d'invention, d'imprévu : nul ne peut prévoir ce que Don Quichotte va faire, inventer, contre quoi il va précipiter sa vieille carcasse… On est toujours débordé : c'est toute la liberté romanesque qui s'ouvre par là à l'intérieur même du héros.

Faire ses preuves, être confronté à l'histoire, se débattre avec le réel : tel est le sort du héros, ou de l'anti-héros, en littérature. Mais à travers ces rites de passage sont inscrits plusieurs discours sur le monde. On parlera alors de polyphonie, et c'est précisément dans ce heurt ou ce chevauchement des discours que se constitue l'énigme du texte : l'histoire peut-elle être vue, conçue, perçue ou comprise autrement que subjectivement ? La question de la perspective et du point de vue apporte ainsi toute sa richesse au rapport entre littérature et histoire : à la différence de l'exposé historique, le roman ou le drame donnent à comprendre la complexité de l'histoire et, grâce à leur statut fictionnel et textuel, proposent ce qu'on pourrait appeler une anamorphose du réel. Comme dans cette toile très connue de Hans Holbein (1498-1543), *Les Ambassadeurs*, où un crâne n'apparaît au spectateur que si celui-ci se place de côté, le sens même de l'œuvre ne peut se donner qu'indirectement, dans l'incertitude.

## Pierre CORNEILLE (1606-1684)

### *Le Cid* (1637)

(« La bibliothèque Gallimard » nº 7)

*Corneille est resté dans l'histoire littéraire comme l'un des plus prestigieux représentants du théâtre classique. Pourtant, son œuvre n'a cessé d'interroger les normes que cherchent alors à imposer doctes et théoriciens, pour les détourner au profit du plaisir du texte et du spectacle. Le Cid rencontre un énorme succès, en même temps qu'il suscite une querelle qui va durer plusieurs années : le dramaturge est accusé de ne pas avoir respecté les règles de la tragédie, notamment de bienséance, qu'imposait au XVIIe siècle une relecture plus ou moins dogmatique de la Poétique d'Aristote.*

*Rodrigue et Chimène s'aiment et sont destinés l'un à l'autre. Mais un différend opposant leurs deux pères vient troubler leur bonheur : Rodrigue se voit obligé de défendre l'honneur de sa famille face au père de Chimène, qu'il tue en duel. Chimène, bien qu'encore éprise du jeune homme, demande sa tête au roi. On annonce alors que les Mores se dirigent vers la cité pour la conquérir. Rodrigue court au combat et en revient victorieux, devenant pour les vaincus le « Cid » (le « Seigneur »).*

*La dramaturgie cornélienne repose en grande partie sur une morale héroïque aristocratique : la « générosité » du héros, terme qui désigne d'abord son ascendance noble, est le propre d'un jeune homme qui, pour accéder à la grandeur, est prêt à sacrifier ses intérêts particuliers et son bonheur personnel. Lorsque Rodrigue revient sur la scène raconter le combat mené, il témoigne dans et par son récit du combat de sa gloire.*

*Dans cette fière conscience de lui-même et l'affirmation de sa valeur propre, il a su justifier et surtout dépasser le simple mérite qui était dû à son rang en devenant le sauveur de l'État. La forme poétique se fait l'écho de cette grandeur du jeune homme au moment de son inscription dans l'histoire.*

### DON RODRIGUE

Cette obscure clarté qui tombe des étoiles
Enfin avec le flux nous fait voir trente voiles ;
L'onde s'enfle dessous, et d'un commun effort
Les Mores et la mer montent jusques au port.
On les laisse passer ; tout leur paraît tranquille ;
Point de soldats au port, point aux murs de la ville.
Notre profond silence abusant leurs esprits,
Ils n'osent plus douter de nous avoir surpris ;
Ils abordent sans peur, ils ancrent, ils descendent,
Et courent se livrer aux mains qui les attendent.
Nous nous levons alors, et tous en même temps
Poussons jusques au ciel mille cris éclatants.
Les nôtres, à ces cris, de nos vaisseaux répondent ;
Ils paraissent armés, les Mores se confondent,
L'épouvante les prend à demi descendus ;
Avant que de combattre, ils s'estiment perdus.
Ils couraient au pillage, et rencontrent la guerre ;
Nous les pressons sur l'eau, nous les pressons sur terre,
Et nous faisons courir des ruisseaux de leur sang,
Avant qu'aucun résiste ou reprenne son rang.
Mais bientôt, malgré nous, leurs princes les rallient,
Leur courage renaît, et leurs terreurs s'oublient :
La honte de mourir sans avoir combattu
Arrête leur désordre, et leur rend leur vertu.
Contre nous de pied ferme ils tirent leurs alfanges[1] ;
De notre sang au leur font d'horribles mélanges.
Et la terre, et le fleuve, et leur flotte, et le port,
Sont des champs de carnage où triomphe la mort.
Ô combien d'actions, combien d'exploits célèbres
Sont demeurés sans gloire au milieu des ténèbres,

---

1. Sorte de sabre oriental à lame recourbée.

Où chacun, seul témoin des grands coups qu'il donnait,
Ne pouvait discerner où le sort inclinait!

(Acte IV, scène 3.)

## STENDHAL (1783-1842)
### *La Chartreuse de Parme* (1839)

(« Folioplus classiques » n° 74)

La Chartreuse de Parme *de Stendhal a pour ainsi dire
deux commencements : en 1796 à Milan, Bonaparte, victorieux et auréolé de toute sa gloire héroïque, entre en Italie. Le
chapitre suivant se déroule en 1815 à Waterloo. Le monde
qui s'était ouvert lumineusement en 1796 se ferme, pour longtemps, l'épopée s'achève et Fabrice constate sur le champ de
bataille l'effondrement de « ses beaux rêves d'amitié cheva-
leresque et sublime, comme celle des héros de la* Jérusalem
délivrée ».

*Fabrice, le héros du roman, a en effet hérité de cette ambi-
tion héroïque : tout en gardant sa part de mystère, le roman
suggère que ce héros est le fruit des amours clandestines et
adultères de sa mère avec un jeune officier napoléonien. Lorsqu'on annonce en 1815 le retour de l'Empereur, son sang ne
fait qu'un tour : il se précipite au combat pour illustrer sa
valeur et entrer dans l'histoire. Mais le monde a bien changé,
et les grandeurs épiques n'existent plus que dans les livres.
Napoléon à Waterloo n'est plus le jeune et génial Bonaparte,
mais un vieil empereur. Dans le très célèbre chapitre où
Fabrice se mêle aux combattants de Waterloo, défaite qui précipite la fin de Napoléon, le romancier a choisi de confronter
les illusions romanesques de son héros, au sens de protagoniste de roman, à la réalité du champ de bataille. Dans la
confusion de l'instant et de la situation, Fabrice ne comprend
rien. Loin de toute portée esthétique, le combat est d'abord
cette « boucherie héroïque » dont parlait Voltaire dans* Can-
dide. *Le jeu sur les points de vue permet de confronter la
vision historique à la réalité des instants et des perceptions.*

*De ce décalage naît une ironie réjouissante qui, sans gommer l'horreur des choses, permet de se libérer des discours établis et des intentions édifiantes.*

Mais le tapage devint tellement fort en ce moment, que Fabrice ne put lui répondre. Nous avouerons que notre héros était fort peu héros en ce moment. Toutefois la peur ne venait chez lui qu'en seconde ligne ; il était surtout scandalisé de ce bruit qui lui faisait mal aux oreilles. L'escorte prit le galop ; on traversait une grande pièce de terre labourée, située au-delà du canal, et ce champ était jonché de cadavres.

— Les habits rouges ! les habits rouges ! criaient avec joie les hussards de l'escorte, et d'abord Fabrice ne comprenait pas ; enfin il remarqua qu'en effet presque tous les cadavres étaient vêtus de rouge. Une circonstance lui donna un frisson d'horreur ; il remarqua que beaucoup de ces malheureux habits rouges vivaient encore, ils criaient évidemment pour demander du secours, et personne ne s'arrêtait pour leur en donner. Notre héros, fort humain, se donnait toutes les peines du monde pour que son cheval ne mît les pieds sur aucun habit rouge. L'escorte s'arrêta ; Fabrice, qui ne faisait pas assez d'attention à son devoir de soldat, galopait toujours en regardant un malheureux blessé.

— Veux-tu bien t'arrêter, blanc-bec ! lui cria le maréchal des logis. Fabrice s'aperçut qu'il était à vingt pas sur la droite en avant des généraux, et précisément du côté où ils regardaient avec leurs lorgnettes. En revenant se ranger à la queue des autres hussards restés à quelques pas en arrière, il vit le plus gros de ces généraux qui parlait à son voisin, général aussi, d'un air d'autorité et presque de réprimande ; il jurait. Fabrice ne put retenir sa curiosité ; et, malgré le conseil de ne point parler, à lui donné par son amie la geôlière, il arrangea une petite phrase bien française, bien correcte, et dit à son voisin :

— Quel est-il ce général qui *gourmande* son voisin ?

— Pardi, c'est le maréchal !

— Quel maréchal ?

— Le maréchal Ney, bêta! Ah çà! où as-tu servi jusqu'ici ?

Fabrice, quoique fort susceptible, ne songea point à se fâcher de l'injure; il contemplait, perdu dans une admiration enfantine, ce fameux prince de la Moskova, le brave des braves.

Tout à coup on partit au grand galop. Quelques instants après, Fabrice vit, à vingt pas en avant, une terre labourée qui était remuée d'une façon singulière. Le fond des sillons était plein d'eau, et la terre fort humide, qui formait la crête de ces sillons, volait en petits fragments noirs lancés à trois ou quatre pieds de haut. Fabrice remarqua en passant cet effet singulier; puis sa pensée se remit à songer à la gloire du maréchal. Il entendit un cri sec auprès de lui : c'étaient deux hussards qui tombaient atteints par des boulets; et, lorsqu'il les regarda, ils étaient déjà à vingt pas de l'escorte. Ce qui lui sembla horrible, ce fut un cheval tout sanglant qui se débattait sur la terre labourée, en engageant ses pieds dans ses propres entrailles; il voulait suivre les autres : le sang coulait dans la boue.

Ah! m'y voilà donc enfin au feu! se dit-il. J'ai vu le feu! se répétait-il avec satisfaction. Me voici un vrai militaire. À ce moment, l'escorte allait ventre à terre, et notre héros comprit que c'étaient des boulets qui faisaient voler la terre de toutes parts. Il avait beau regarder du côté d'où venaient les boulets, il voyait la fumée blanche de la batterie à une distance énorme, et, au milieu du ronflement égal et continu produit par les coups de canon, il lui semblait entendre des décharges beaucoup plus voisines; il n'y comprenait rien du tout.

(Chapitre 3.)

**André MALRAUX (1901-1976)**

## La Condition humaine (1933)

(« Folioplus classiques » n° 108)

*1927 : le combat dont la Chine est le champ engage des enjeux majeurs. Le Kuomintang, mouvement nationaliste chinois, dont les communistes font toujours partie, tenant sous leur influence, à travers les syndicats communistes, cinq à six millions d'hommes, a lancé une grande offensive qui a conquis toute la Chine du Sud sur les « seigneurs de la guerre » nordistes, appuyés par la Grande-Bretagne. Tchang Kaï-chek, à la tête de l'armée du Kuomintang, se rapproche de Shanghai. Les communistes tentent un soulèvement pour libérer eux-mêmes la ville, et instaurer une gestion socialiste. C'est le point de vue de ces combattants idéalistes et déterminés, juste avant que n'éclate l'alliance hétéroclite contre les puissances occidentales que constitue le Kuomintang, que Malraux adopte majoritairement dans* La Condition humaine. *Publié en 1933, le texte n'est pas un roman historique : il s'enracine au contraire dans l'opacité du moment, dans lequel il cherche à cerner ce qui fait l'incroyable complexité de l'action humaine.*

*Parce que l'action est fondamentalement opaque, le filtre clarificateur de l'histoire, la position surplombante, l'illusion rétrospective, qui sont les ennemis de tous les historiens, simplifient quelque chose qui ne peut pas l'être. Les hommes abîmés dans l'action historique ne sont pas conscients des réseaux d'ensemble que nous pouvons tisser après coup : Malraux nous montre des hommes qui veulent prendre en main une action dont ils ne détiennent jamais vraiment tous les tenants et aboutissants. Le romancier est dans le même état, d'une certaine façon : porté par une volonté de maîtrise qui ne peut jamais totalement se satisfaire. Le choix de l'histoire récente n'est donc pas innocent de la part de Malraux : pour lui, c'est la possibilité de se perdre dans l'action qui permet précisément à la méditation de prendre son envol.*

*Dans le passage choisi, Kyo, jeune intellectuel communiste*

*porté par son idéal de fraternité et d'égalité, est arrêté et jeté
dans une sombre prison de Shanghai. Il entend alors que le
gardien, extrêmement violent, prend une sorte de plaisir
sadique à frapper un fou qui ne cesse de parler. Les autres
prisonniers acceptent, voire apprécient, ce supplice inique.
Kyo retrouve en lui-même les terribles contradictions de l'humanité, cette fascination pour l'horreur, qu'il convient de
dépasser toujours en réaffirmant les valeurs et la logique
humaines. On le voit, la situation plonge dans l'arbitraire
total de la violence du monde, mais engendre aussi le sursaut
qui permet d'atteindre l'affirmation de soi. Chaque instant
est ainsi porteur d'une réflexion morale sur la complexité de
notre condition, «entre l'ange et la bête», mais jamais ni tout
à fait l'un ni tout à fait l'autre, pour reprendre la pensée de
Blaise Pascal (1623-1662).*

Ce qu'il y a de bas, et aussi de fascinable en chaque
être était appelé là avec la plus sauvage véhémence, et
Kyo se débattait de toute sa pensée contre l'ignominie
humaine : il se souvint de l'effort qui lui avait toujours
été nécessaire pour fuir les corps suppliciés vus par
hasard : il lui fallait, littéralement, s'en arracher. Que
des hommes pussent voir frapper un fou pas même
méchant, sans doute vieux à en juger par la voix, et
approuver ce supplice, appelait en lui la même terreur
que les confidences de Tchen, la nuit de Han-Kéou :
«les pieuvres…» Katow lui avait dit quel effort doit
faire l'étudiant en médecine la première fois qu'un
ventre ouvert devant lui laisse apparaître des organes
vivants. C'était la même horreur paralysante, bien différente de la peur, une horreur toute-puissante avant
même que l'esprit ne l'eût jugée, et d'autant plus bou-
leversante que Kyo éprouvait à en crever sa propre
dépendance. Et cependant, ses yeux beaucoup moins
habitués à l'obscurité que ceux de son compagnon, ne
distinguaient que l'éclair du cuir, qui arrachait les hur-
lements comme un croc. Depuis le premier coup, il
n'avait pas fait un geste : il restait accroché aux bar-
reaux, les mains à hauteur du visage.
«Gardien ! cria-t-il.

— Tu en veux un coup ?
— J'ai à te parler.
— Oui ? »
Tandis que le gardien refermait rageusement l'énorme verrou, les condamnés qu'il quittait se tordaient. Ils haïssaient les « politiques ».
« Vas-y ! Vas-y, gardien ! qu'on rigole. »

(Sixième partie.)

### Romain GARY (1914-1980)
### *La Promesse de l'aube* (1960)

(« Folio » n° 373)

*Romain Gary sort de la Seconde Guerre mondiale auréolé de gloire : il s'est courageusement engagé dès 1940 aux côtés des Forces françaises libres, et poursuit dans l'après-guerre une prestigieuse carrière diplomatique et littéraire. Dans* La Promesse de l'aube, *il raconte la période de sa vie qui s'étend de son enfance en Russie, en Pologne puis à Nice, jusqu'à son engagement auprès des Alliés et la libération de la France. Mais le texte autobiographique est ici ce que la tradition littéraire appelle un « tombeau » : l'auteur y célèbre la figure de la mère disparue, dans un chant d'amour vibrant pour cette femme qui était portée par ses rêves héroïques pour son fils adoré. Le titre de l'ouvrage est ainsi à double sens : il renvoie à la fois aux promesses que l'enfant s'était faites de rendre hommage à cette figure exceptionnelle (« je pensais à toutes les batailles que j'allais livrer pour elle, à la promesse que je m'étais faite, à l'aube de ma vie, de lui rendre justice, de donner un sens à son sacrifice »), mais aussi à celles contenues dans l'amour inégalable d'une mère, et qui exposent toujours à la déception (« Avec l'amour maternel, la vie vous fait à l'aube une promesse qu'elle ne tient jamais »).*

*De retour d'un voyage en Suède sur les traces d'une jeune fille aimée qu'il a retrouvée mariée, Romain Gary trouve sa mère sombre et préoccupée. À la veille des accords de Munich*

*(30 septembre 1938), où les puissances occidentales, dans l'espoir de conserver la paix, vont entériner la conquête par Hitler de la Tchécoslovaquie, la mère de l'écrivain, qui ne cessait de changer de projet glorieux pour son fils tout au long de son enfance, a trouvé un nouveau projet digne de lui : « C'était très simple : je devais me rendre à Berlin et sauver la France, et incidemment le monde, en assassinant Hitler. » Le jeune homme, toujours à l'unisson des rêves de sa mère, prépare alors son expédition, bien que la perspective de quitter un lieu idyllique pour un long voyage inconfortable ne le réjouisse guère. Pourtant, la veille du départ, tout change encore.*

*Dans le texte se mêlent tendresse et douce ironie. Le narrateur adulte sait prendre de la distance dans l'écriture, et se moque de ce jeune homme qu'il fut, en même temps qu'il donne à voir le caractère théâtral d'une mère fantasque et exubérante. Cette ironie témoigne d'une manière nouvelle de la confrontation des aspirations véritables de la jeunesse (le soleil, les jeunes Suédoises…) avec un contexte politique qui paraît beaucoup plus abstrait que le simple désir de vivre. Dans ces accords simples se lit aussi la possibilité d'une redéfinition de la magnanimité (c'est-à-dire de la grandeur d'âme) du héros classique : entre la grandiloquence de l'exigence guerrière et le souci de soi se place la distance amusée, qui empêche de prendre au sérieux les folles ambitions mégalomanes, et témoigne d'une véritable hauteur de vue.*

J'étais assez irrité et de fort mauvaise humeur, d'autant plus que l'été était exceptionnellement chaud, la Méditerranée, après des mois de séparation, ne m'avait jamais paru plus désirable, et la plage de la « Grande Bleue » était, comme par hasard, pleine de Suédoises intelligentes et cultivées. Pendant ce temps-là, ma mère ne me quitta pas d'une semelle. Son regard de fierté et d'admiration me suivait partout. Je pris mon billet de train et fus assez épaté de voir que les chemins de fer allemands me faisaient trente pour cent de réduction — ils offraient des conditions spéciales pour les voyages de vacances. Au cours de ces dernières quarante-huit heures qui précédèrent mon départ, je limitai prudemment ma consommation de concombres salés pour éviter tout contretemps intestinal, lequel eût risqué d'être fort mal interprété par ma mère. Enfin, la veille du grand jour, j'allai prendre mon dernier bain à la « Grande Bleue », et regardai ma dernière Suédoise avec émotion. Ce fut à mon retour de la plage que je trouvai ma grande artiste dramatique écroulée dans un fauteuil du salon. À peine me vit-elle que ses lèvres firent une grimace enfantine, elle joignit les mains, et, avant que j'eusse le temps d'esquisser un geste, elle était déjà à genoux, le visage ruisselant de larmes :

— Je t'en supplie, ne le fais pas ! Renonce à ton projet héroïque ! Fais-le pour ta pauvre vieille maman — ils n'ont pas le droit de demander ça à un fils unique ! J'ai tellement lutté pour t'élever, pour faire de toi un homme, et maintenant… Oh, mon Dieu !

Les yeux étaient agrandis par la peur, le visage bouleversé, les mains jointes.

Je n'étais pas étonné. Il y avait si longtemps que j'étais « conditionné » ! Il y avait si longtemps que je la connaissais et je la comprenais si entièrement. Je lui pris la main.

— Mais les billets sont déjà payés, lui dis-je.

Une expression de résolution farouche balaya toute trace de peur et de désespoir de son visage.

— Ils les rembourseront ! proclama-t-elle, en saisissant sa canne.

Je n'avais pas le moindre doute là-dessus.

C'est ainsi que je n'ai pas tué Hitler. Il s'en est fallu de peu, comme on voit.

(Chapitre 27.)

## Oliver ROHE (né en 1972)
### *Défaut d'origine* (2003)
#### (Éditions Allia)

*Oliver Rohe est venu en 1990 avec sa mère et sa sœur à Paris pour poursuivre des études et fuir un pays en guerre, qu'il se refuse de nommer, et dans lequel il reviendra par la suite habiter un an.* Défaut d'origine *est son premier roman. Il se présente comme un monologue intérieur, dans un avion, d'un narrateur retournant dans un pays en guerre à la rencontre d'un ancien ami, Roman, perdu de vue depuis dix ans.*

*Le livre, très sombre, ne situe pas le conflit : il pourrait être l'un de ceux qui défilent devant nos yeux dans l'actualité. Il ne décrit pas non plus la guerre, mais s'attache plutôt à la manière dont une conscience est attaquée par la violence du monde. L'écriture enregistre un monologue traversé par une multitude de paroles, dans un refus d'une organisation logique déterminée par un discours surplombant : la singularité se perd dans tous ces mots habités et ténébreux qui traversent l'individu à son insu, et auxquels on ne peut jamais totalement se raccrocher. L'écrivain construit alors un montage résolument contemporain, sans concessions, caractérisé par un flux ininterrompu : les multiples degrés de citation (discours indirect, italiques), une ponctuation volontairement lacunaire entraînent le lecteur dans un chaos dont il ne pourrait se déprendre qu'en renonçant à voir l'inquiétude du monde auquel il appartient.*

Contrairement à toutes les guerres précédentes de l'histoire celle-là ne s'embarrassait d'aucun vernis idéologique, ni d'aucune rhétorique fumeuse, disait Roman, elle n'a pour ainsi dire que très faiblement fait appel à notre prétendu instinct patriotique et communautaire, ou à notre non moins prétendue prédisposition à la démagogie. Inutile de recourir à tout cela, à tous ces systèmes, à tous ces mythes manifestement superflus. « Sympa, merci. » C'était tout simplement un abattoir à entrée libre, un gigantesque foutoir proprement mortel où l'on venait régulièrement, très simplement, en famille pourrait-on dire, se dégourdir les muscles. Après tout je pense même qu'on entrait dans la guerre uniquement pour ne pas s'ennuyer, on y entrait histoire de se divertir un peu, de voir ce qui s'y passe — *histoire de rompre la fameuse monotonie du quotidien.* Si tu réfléchis bien à ce qui s'est réellement passé, avec le recul nécessaire je veux dire, tu verrais bien que tout cela n'avait bien entendu strictement aucun sens, ni d'ailleurs le moindre *semblant* de sens. Pas la peine de manier de grands prétextes ou de grands discours aussi tortueux qu'inutiles disait Roman en avalant son café, des bandes qui s'emmerdaient ferme se sont formées et puis voilà. Elles se sont massivement armées, d'abord pour se défendre contre *l'ennemi du moment* nous ont-elles dit, ensuite pour faire plus sérieusement régner le désordre et la terreur. Personne ne savait *qui tirait les ficelles.* On voyait débarquer des gens, et puis on voyait ces mêmes gens nous assommer. D'abord ils venaient pour nous défendre et pour faire régner un peu d'ordre, et une fois qu'ils s'étaient acquittés de cette superbe tâche (la transition était assez subtile, en réalité personne ne pouvait véritablement distinguer ces deux phases), une fois qu'ils avaient obtenu la confiance de tout le monde, ils se livraient naturellement aux exactions. Fuyez le plus vite possible nous protégerons vos biens nous disaient-ils, et une fois qu'on s'enfuyait, ils nous pillaient tous nos biens. Dès qu'ils convoitaient un immeuble ou un appartement, dès qu'une belle baraque leur tapait dans l'œil comme on dit, ils mettaient le quartier à feu et à sang pour nous faire peur, pour nous faire littéralement *mourir de peur* (à leur décharge il faut tout de même avouer qu'on nous faisait aussi mourir de peur gratuitement et sans aucune arrière-pensée, le jour où on m'a obligé — revolver sur la tempe — à jouer à la roulette russe en compagnie de la brute décervelée du quartier) je dois avouer qu'on n'en voulait de toute évidence ni à nos biens mobiliers ni à notre appartement ce jour-là j'ai compris qu'on pouvait nous *faire mourir de peur mais juste pour rire* — c'était de bonne guerre comme on dit.

# Chronologie 1
## Louis Malle et son temps

## *1.*
### La force de la jeunesse (1932-1968)

« Est-ce que la violence de ces années troublées m'a fait prendre conscience de l'arbitraire souvent ignoble du monde des adultes ? En travaillant sur *Lacombe Lucien*, j'ai essayé de me rappeler ce que j'éprouvais exactement à cette époque. Difficile… je regardais, j'écoutais, on m'encourageait à porter des jugements simples. Mais ces adultes qui nous commandaient, qui essayaient d'expliquer, de rassurer, je ne les aimais ni ne les respectais vraiment » (*Louis Malle par Louis Malle*, Éd. de l'Athanor, 1978).

La force et la diversité de l'œuvre de Louis Malle viennent sans doute de ce refus d'un monde adulte dogmatique et arbitraire, refus qu'il illustrera d'ailleurs dans son adaptation du chef-d'œuvre de Raymond Queneau, *Zazie dans le métro*, en 1960. Très jeune, à quatorze ans (il est né en 1932), en jouant avec la caméra 8 mm de son père, il choisit le cinéma comme moyen d'exprimer une représentation personnelle du monde, dégagée des pesanteurs et des discours obligés. Il connaît une consécration très précoce, aussitôt après ses études à l'IDHEC (Institut des hautes études cinématographiques), recevant à vingt-trois ans une Palme d'or au festival de Cannes pour *Le Monde du silence*, documentaire coréalisé avec le commandant Cousteau.

Le succès vient couronner ses premiers films de fiction, dans lesquels Louis Malle met en place un langage cinématographique original : *Ascenseur pour l'échafaud*, adaptation par Roger Nimier d'un roman de Noël Calef, reçoit le prix Louis-Delluc en 1957. Précision de la mise en scène, personnages suivis et observés sans volonté de commentaire encombrant, rôle dramatique donné à la musique : le réalisateur trace des voies singulières et résolument contemporaines, bien avant l'irruption révolutionnaire de la Nouvelle Vague. *Les Amants* (1958), Lion d'argent au festival de Venise, choque par sa liberté de ton et par la célébration iconoclaste d'une femme, incarnée magistralement par Jeanne Moreau, qui se libère de la pesanteur des règles sociales grâce à l'amour. Louis Malle triomphe en prenant une distance critique avec son milieu d'origine, la grande bourgeoisie (sa mère est l'héritière d'une des plus grandes fortunes de France, qui provient de la compagnie sucrière Béghin), origine sociale que certains ne lui pardonnent pas, et qui fera longtemps écran, en France, à une juste appréciation de son travail par une partie de la critique. Le doute occupe une place considérable dans son œuvre, comme l'illustre le somptueux film *Le Feu follet* (1963), d'après l'œuvre de Drieu la Rochelle, avec Maurice Ronet, qui y incarne Alain Leroy, dandy alcoolique qui ne parvient plus à accepter le monde au moment où s'estompe l'enthousiasme vigoureux de sa jeunesse, et finit par se suicider.

| 1933 | Hitler accède au pouvoir en Allemagne. |
|------|------|

1933   Hitler accède au pouvoir en Allemagne.
1936   Réoccupation par l'Allemagne de la Rhénanie.
       Victoire du Front populaire en France.
       Guerre civile en Espagne.
1939-1945   Seconde Guerre mondiale.
1940   Charlie Chaplin, *Le Dictateur*.
1945   Bombardement atomique d'Hiroshima et de Nagasaki.
1950-1953   Guerre de Corée.
1953   Mort de Staline.
       Samuel Beckett, *En attendant Godot*.
1956   Insurrection à Budapest écrasée par l'armée soviétique.
       Robert Bresson, *Un condamné à mort s'est échappé* (Louis Malle est assistant du réalisateur sur ce film).
1957   Traité de Rome : création de la CEE.
1962   Fin de la guerre d'Algérie.
1965   Le général de Gaulle réélu président de la République.
       Raymond Queneau, *Les Fleurs bleues*.
1967   Guerre des Six-Jours en Israël.
1968   Printemps de Prague.
       Émeutes en France.

## 2.

## Le scandale et la liberté (1968-1975)

C'est en Inde que Louis Malle part se ressourcer et combattre la crainte d'un vieillissement sclérosant. Il en revient avec des milliers de mètres de pellicules dont il tire un film pour le grand écran, *Calcutta* (1969), et une série télévisée, *L'Inde fantôme. Réflexions sur un voyage*. « Comment juger, pourquoi juger ? » se demande-t-il, associant les mystère de l'Inde à la promesse d'un « secret perdu ». Il renoue ainsi avec une vision documentaire où s'expriment sa volonté d'explorer l'opacité et son désir de montrer par un regard neuf l'intérêt du réel. *Humain, trop humain*, qui filme les ouvriers sur une chaîne de montage de l'usine Citroën de Rennes, et *Place de la République*, où le réalisateur donne la parole aux passants, sont contemporains de *Lacombe Lucien* en 1973-1974.

Les événements de 1968 l'associent au mouvement des artistes qui entendent faire profiter l'art de la contestation née des revendications sociales et culturelles : il participe ainsi avec Jean-Luc Godard et François Truffaut au sabordage du festival de Cannes. Louis Malle connaît de grands succès pendant toute cette période, mais continue d'avoir une réputation sulfureuse : son œuvre paraît toujours inattendue et n'hésite pas à perturber les visions bienséantes établies. Ainsi, avec *Le Souffle au cœur* (1971), il s'attire les foudres de la critique en filmant une relation incestueuse entre un fils et sa mère, sans aucun souci de jugement moral.

Le scandale de *Lacombe Lucien* vient parachever l'image d'un Louis Malle provocant et soucieux de générer le scandale : le cinéaste, sans doute décidé à rompre avec les stéréotypes qui ne cessent de s'accrocher à lui, alors même que l'originalité de son œuvre est par ailleurs célébrée, est en recherche de perpétuels nouveaux départs. La période suivante marque son départ aux États-Unis, après l'insuccès d'un film curieux, *Black Moon* (1975), parabole fantastique et onirique qui prend place dans un monde ravagé par une guerre civile entre les deux sexes.

| | |
|---|---|
| 1969 | Mort du général de Gaulle. |
| | Samuel Beckett reçoit le prix Nobel de littérature. |
| 1971 | Stanley Kubrick, *Orange mécanique*. |
| 1973 | Fin de la guerre du Vietnam. |
| 1974 | Scandale du Watergate aux États-Unis et démission de Richard Nixon. |
| 1975 | Début de la guerre civile au Liban. |
| | Mort de Franco. |
| | Georges Perec, *W ou le souvenir d'enfance*. |

## 3.

## Entre les États-Unis et la France (1975-1995)

Aux États-Unis, Louis Malle poursuit un parcours atypique, réalisant tour à tour des films soucieux de creuser l'envers des mythologies répandues et de travailler à une exploration innovante des genres constitués : *La Petite* (1978) est une évocation de la vie d'une maison de tolérance au début du siècle, *Atlantic City* (1980) un film noir où se croisent de manière inattendue un vieux truand vieillissant (Burt Lancaster) et une serveuse de restaurant (Susan Sarandon), *My Dinner with Andre* (1981) organise les retrouvailles de deux vieux amis dans un restaurant de Manhattan en jouant sur les codes du théâtre, *Alamo Bay* (1985) dépeint les tensions racistes liées à l'arrivée de réfugiés vietnamiens dans un village de pêcheurs du Texas. Les documentaires de cette période explorent les États-Unis sous des angles peu abordés : *God's Country* (1985) interroge les valeurs d'une petite ville américaine, en interviewant les habitants à six ans d'intervalle, en 1979 et en 1985, et en confrontant leurs déclarations, *And the Pursuit of Happiness* (1987) est une enquête sur les émigrés en Amérique.

Louis Malle revient en France pour tourner *Au revoir les enfants* en 1987, qui connaît un succès foudroyant. L'œuvre se présente comme un retour incandescent sur un souvenir intime et décisif : la scène du traumatisme originel du cinéaste, lorsqu'il a assisté à l'arrestation des bons pères et des enfants juifs qu'ils cachaient dans l'institution catholique où il était élève. Dans une interview au *Monde* du 4 octobre 1987, Louis Malle explique :

> En 1942, on croisait des enfants de mon âge qui portaient l'étoile jaune. Je demandais : « Pourquoi ? Pourquoi lui et pas moi ? » On ne pouvait me répondre. Dès ce moment-là, j'ai ressenti que le monde des adultes était un monde d'injustice, de faux-semblants, d'explications qui n'en sont pas, d'hypocrisie, de mensonge. Cela m'a obligé à aller chercher moi-même, à vérifier ce qu'il y avait derrière les idées reçues, les affirmations péremptoires et la complexité des motivations. Et à la suite de ce matin de janvier 1944, ce matin où Bonnet est parti, le sentiment est devenu une certitude. J'ai dit à mes parents, peu de temps après, que je voulais faire du cinéma. Ça les a beaucoup choqués. À l'époque, je ne sais pas si j'ai rationalisé ce désir, mais j'ai eu envie, vraiment, de trouver un moyen, un travail, une fonction qui me permettrait d'aller chercher une certaine forme de vérité, qui m'autoriserait à investiguer.

Ses deux derniers films sont *Fatale* (1992) et *Vanya 42nd Street* (1994). Louis Malle meurt le 23 novembre 1995, alors qu'un très grand nombre de projets de films l'occupaient encore.

La Cinémathèque française a consacré une rétros-

pective importante à son travail de documentariste en
2005 (*Louis Malle documentariste*). La grande rétrospective itinérante de ses œuvres organisée en Italie en 2007
et 2008 connaît un succès public et critique éblouis-
sant : Louis Malle est distingué comme un des réalisa-
teurs les plus importants de son époque.

| | |
|---|---|
| 1980 | Guerre Iran-Irak. |
| 1981 | François Mitterrand (socialiste) est élu président de la République (1981-1988, puis 1988-1995). |
| | Ronald Reagan (républicain) est élu président des États-Unis. |
| | Abolition de la peine de mort en France. |
| 1985 | Gorbatchev accède au pouvoir en URSS : début de la Perestroïka. |
| 1989 | Chute du mur de Berlin. |
| 1991 | Première guerre du Golfe contre l'Irak. |
| 1992 | Éclatement de la Yougoslavie. Guerre en Bosnie. |

## Chronologie 2
### Patrick Modiano et son temps

COMMENT ÉCRIRE UN APERÇU BIOGRAPHIQUE sur
Patrick Modiano ? Né en 1945, le romancier commence
à publier dans les années 1960 et continue à écrire.
Mais l'exercice biographique paraît plus que périlleux
pour l'analyste qui connaît son œuvre : un exercice
totalement impropre d'une certaine façon. En effet, les
événements d'une vie et les informations dites objec-
tives qu'on en retient sont pour l'écrivain matière à
variations littéraires : recherche identitaire et travail
des mots sont toujours mêlés par une sorte d'alchimie
intime. La littérature, à laquelle Patrick Modiano se
consacre très jeune, n'est pas le lieu où il se construirait
en objet, où il trouverait la formule définitive pour dire
qui il est, où il prétendrait faire œuvre de vérité : à ce
titre, Patrick Modiano ne pratique pas l'autobiographie
dans son œuvre. La mémoire et le souvenir deviennent
un moyen de montrer qu'une existence ne se réduit
jamais à une simple expression, à quelques lignes de
résumé. Se détachent pourtant des figures, des situations et des scènes fondatrices, mais perpétuellement
recomposées par le souvenir et la nécessité littéraire
d'une écriture prise dans une création particulière,
dans une recherche. Ainsi, Patrick Modiano a très sou-

vent évoqué les figures de ses parents, figures contradictoires qui font partie de lui, mais dont le mystère est
aussi source de doutes qui relancent le questionnement
créatif. La mort de son jeune frère Rudy, à qui il dédie
un nombre très important de ses œuvres, l'a marqué
d'une façon indélébile. Dans *Un pedigree* en 2005, l'écrivain évoque son rapport aux faits qui composent son
enfance et son adolescence :

> À part mon frère Rudy, sa mort, je crois que rien de
> tout ce que je rapporterai ici ne me concerne en pro-
> fondeur. J'écris ces pages comme on rédige un constat
> ou un curriculum vitae, à titre documentaire et sans
> doute pour en finir avec une vie qui n'était pas la
> mienne. Il ne s'agit que d'une simple pellicule de faits
> et de gestes. Je n'ai rien à confesser ni à élucider et je
> n'éprouve aucun goût pour l'introspection et les exa-
> mens de conscience. Au contraire, plus les choses
> demeuraient obscures et mystérieuses, plus je leur
> portais de l'intérêt. Et même, j'essayais de trouver du
> mystère à ce qui n'en avait aucun. Les événements que
> j'évoquerai jusqu'à ma vingt et unième année, je les ai
> vécus en transparence — ce procédé qui consiste à
> faire défiler en arrière-plan des paysages, alors que les
> acteurs restent immobiles sur un plateau de studio. Je
> voudrais traduire cette impression que beaucoup
> d'autres ont ressentie avant moi : tout défilait en trans-
> parence et je ne pouvais pas encore vivre ma vie.

Il ne faut pas se tromper : ce texte révèle Patrick
Modiano parce qu'il nous montre quelque chose de sa
vie passée, mais surtout parce qu'il témoigne que ce
qu'il dit est indissociable d'une démarche particulière
d'écriture qui n'est pas celle de l'œuvre dans son
ensemble, mais d'*Un pedigree*. Autrement dit, si des événements incontournables et des étapes composent une
personnalité, comme la mort du frère, si reviennent des

motifs et des moments, un souvenir passé n'est unique que dans le cadre d'un effort particulier, dans une œuvre précise. L'œuvre et la vie sont donc des espaces infinis d'investigation et d'écriture, et aucun texte de Patrick Modiano ne ressemble à un autre. Chacun de ses livres est ainsi un nouvel étonnement.

Ce qui est valable pour soi l'est pour l'autre : c'est la démonstration magistrale, d'une grande émotion, de *Dora Bruder* (1997), où Patrick Modiano explore les derniers parcours d'une jeune fille juive morte en déportation, que l'écriture tente de sauver de l'oubli. L'investigation souligne les coïncidences qui font se rencontrer des époques et des personnes différentes, des perspectives intimes et littéraires : plutôt que d'organiser et de résoudre, le récit construit l'énigme de la mémoire et du souvenir à l'aide d'une sensibilité attentive à conserver aux êtres et aux choses leur mystère et leur qualité poétique.

L'œuvre littéraire de Patrick Modiano se présente comme portée par le souvenir, les jeux de la mémoire et de l'imaginaire, le rythme des parcours dans une géographie sensible, habitée par le souffle des phrases et la quête inlassable de rencontres et de signes. Ses textes dessinent ainsi, et ne cessent d'inventer, un rapport au monde placé à la fois sous le signe de l'indépendance face aux modes et aux idéologies, mais aussi prêt à un accueil bienveillant.

Comme Louis Malle, Patrick Modiano connaît très jeune le succès : son premier roman, *La Place de l'Étoile*, reçoit le prix Roger-Nimier et le prix Fénéon en 1968. Il reçoit dix ans plus tard, à l'occasion de la publication de *Rue des Boutiques Obscures*, le prix Goncourt « pour l'ensemble de son œuvre ». Au-delà d'une consécration qui s'est toujours faite plus fervente, l'œuvre ne cesse de se réinventer. Le lecteur se trouve ainsi emporté dans le plaisir des recoupements, des retrouvailles, d'un univers mouvant mais cohérent, qui construit une image de l'auteur dans l'évolution des perceptions. Surtout, il est invité à partager une perception littéraire de l'existence : une perception qui sait rendre toute son intensité à l'exploration créative d'une identité. Il faut bien plutôt lire les textes de Patrick Modiano que se référer à une quelconque biographie de l'auteur.

> Éléments pour une
> fiche de lecture

## Regarder la photographie

- Qu'est-ce qui attire le regard en premier dans cette photographie ? Quelle atmosphère s'en dégage ? Vous semble-t-il évident qu'elle a été prise sous l'Occupation ?
- Quelles sont les tonalités dominantes, et que font-elles ressortir ? Comment l'arrière-plan s'en distingue-t-il ?
- Le cadrage de la photographie vous semble-t-il habituel ? Comment expliquez-vous la présence d'un troisième corps ?

## L'histoire et le documentaire

- Commentez la séquence d'ouverture du film. Pourquoi la date de juin 1944 est-elle déterminante ? Quels sont les éléments qui permettent de montrer qu'on se trouve à cette période ? Comment sont-ils utilisés dans la perspective du récit ?
- La séquence à la ferme : relevez tous les éléments qui permettent de mettre en place un traitement documentaire de cette période. Repérez à l'inverse

tout ce qui est de l'ordre de la fiction et paraît s'opposer à une représentation vraisemblable.

- Dans la scène 18, à propos de la maison des Vaugeois, le scénario indique : «On doit sentir que cette maison est habitée par la même famille depuis plusieurs générations.» En quoi cette indication est-elle importante ? Relevez dans cette scène toutes les indications données sur Lucien par son parcours dans la maison. Que conclure sur le personnage ?
- Reconstituer une réalité passée, est-ce le but d'un film ou d'un roman historique ?
- Confrontez la vision donnée par un livre d'histoire de la période de l'Occupation en France avec celle donnée par le scénario de Louis Malle et de Patrick Modiano.
- L'histoire de Lucien Lacombe aurait-elle pu selon vous se passer dans un contexte différent ?

## Le scénario et le film

- À la scène 8, Lucien Lacombe explique à l'instituteur qu'il connaît son engagement parce qu'un certain «Joseph» le lui en a parlé. Qui est ce personnage ? Où apparaît-il ? À quel moment Lucien Lacombe a-t-il pu le rencontrer ?
- Vous donnerez une définition précise de l'ellipse. Relevez plusieurs ellipses dans le scénario. À quoi servent-elles à chaque fois ? L'ellipse vous paraît-elle un procédé plutôt littéraire ou cinématographique ?
- Recherchez des éléments qui apparaissent dans le scénario et pas dans le film. Pourquoi le réalisateur a-t-il choisi de les faire disparaître ?
- Recherchez à l'inverse des éléments qui sont écrits,

mais qui semblent difficilement représentables. Que deviennent-ils dans le film ?

- Comparez la construction du personnage de la grand-mère Horn dans le scénario et la manière dont Therese Giehse l'interprète dans le film. Peut-on en tirer les mêmes conclusions que pour les autres personnages ?

## Le récit et le personnage

- Comment qualifier l'évolution de Lucien Lacombe au cours du récit ? Vous paraît-elle flagrante ?
- Lucien Lacombe est souvent posté devant des portes : comment interpréter ce motif récurrent ?
- Dans la scène 25, Lucien Lacombe, éméché, prend congé d'Albert Horn en lui disant : « Vive la France ! », après avoir demandé à voir France Horn. La confusion entretenue ici entre la jeune fille et le pays occupé vous paraît-elle pertinente ? Peut-on dire que le personnage de France Horn contient une dimension allégorique, qu'elle symbolise d'une certaine façon la France ?
- Relevez les contradictions de France Horn : le personnage vous paraît-il plus compréhensible que celui de Lucien Lacombe ?
- Comment sont traités les personnages secondaires dans *Lacombe Lucien* ? Expliquez ceux qui vous semblent les plus déterminants dans l'intrigue, en disant pourquoi.
- « Forte impression de solitude », note le scénario à la fin de la scène 25. Quelle est la place de la solitude dans *Lacombe Lucien* ?
- On ignore le destin de certains personnages de *Lacombe Lucien* : imaginez la suite de leur histoire.

## Collège

## Lycée

### Série Classiques

Pour plus d'informations,
consultez le catalogue à l'adresse suivante :
http ://www.gallimard.fr

*Composition Interligne*
*Impression Novoprint*
*à Barcelone, le 13 octobre 2014*
*Dépôt légal : octobre 2014*
ISBN 978-2-07-035885-4/Imprimé en Espagne.